ज्ञान गरिमा के

**68 वर्ष**

भारतीय
ज्ञानपीठ



णाणं पयासयं

वीर नि.सं. 2470

भारतीय ज्ञानपीठ

ई.सन् 1944

# धर्मवीर भारती के पत्र

## पुष्पा भारती के नाम

# धर्मवीर भारती के पत्र

## पुष्पा भारती के नाम

संकलन

**पुष्पा भारती**

भारतीय ज्ञानपीठ

लोकोदय ग्रन्थमाला : ग्रन्थांक 972

*ग्रन्थमाला सम्पादक*

रवीन्द्र कालिया

*सह-सम्पादक*

गुलाबचन्द्र जैन

**ISBN 978-81-263-1669-4**

प्रकाशक :

भारतीय ज्ञानपीठ

18, इन्स्टीट्यूशनल एरिया, लोदी रोड

नयी दिल्ली-110003

मुद्रक : विकास कम्प्यूटर ऐंड प्रिंटर्स, दिल्ली-110032

आवरण-चित्र : पुष्पा भारती के सौजन्य से

**दूसरा संस्करण : 2011**

**मूल्य : 100 रुपये**



Dharmvir Bharati Ke Patra : Pushpa Bharati Ke Naam
(Letters)
Collected by Pushpa Bharati

Published by
Bharatiya Jnanpith
18, Institutional Area, Lodi Road
New Delhi-110 003
e-mail : jnanpith@satyam.net.in, sales@jnanpith.net
website : www.jnanpith.net

**Second Edition : 2011**
**Price : Rs. 100**

त्वदीयं वस्तु गोविन्दं तुभ्यमेव समर्पयेत्।

—पुष्पा

# प्रस्तावना

माता-पिता से मिले सांस्कृतिक और साहित्यिक संस्कारों और परिवार की अथाह ममता व साज़-सँवार के बीच बड़ा धुला-धुला, उजला, पारदर्शी और निर्द्वन्द्व जीवन जी रही थी मैं। कि अचानक अनचित्ते अनजाने ही नियति ने मुझे एक दूसरे ही प्रकार के रास्ते पर मोड़ दिया था। अभी उस मोड़ की ओर कदम बढ़े ही थे कि कलकत्ता विश्वविद्यालय से सम्बद्ध 'श्री-शिक्षायतन कॉलेज' में डिग्री स्तर की छात्राओं को पढ़ाने का काम मिल गया और मैं लैक्चरर बनकर कलकत्ता चली गयी। तब शुरू हुआ प्रतिदिन एक पत्र मिलने का अटूट सिलसिला। पहले तो वही हुआ कि पत्र पढ़ा और फाड़ दिया—लेकिन धीरे-धीरे लगा कि अरे ये पत्र तो निज में एक साहित्यिक कृति जैसे हैं, तो उन्हें फाड़ा नहीं—सहेजने लगी। धीरे-धीरे संख्या हज़ार को पार कर गयी!

सन् 1997 में भारतीजी के जाने के बाद उनकी लिखी रचनाओं की एक-एक पंक्ति को कई-कई बार फिर-फिर पढ़ने में ही मन लगता था, वरना जीवन केवल एक बेमानी बोझ लगने लगा था—उनकी कविताएँ, कहानियाँ, निबन्ध आदि इतनी बार पढ़ डाले कि उनकी कई पुस्तकों ने भी रूप ले लिया और छपकर बिकने लगीं। उनका लिखा साहित्य पढ़ते रहने के अतिरिक्त मेरी दिनचर्या का अनिवार्य अंग बन गयी थी मेरी वह मंजूषा जिसमें वे हज़ारों ख़त हीरा-मोती, मानिक, पन्ना, पुखराज की तरह सहेजकर रखे हुए थे। एक दिन मुझे याद आयी मैथिलीशरण गुप्त की 'विष्णुप्रिया' की एक पंक्ति "मेरे प्रभु सबके हों—मैं उन्हीं की रहूँ।" और मुझे लगा इन अमूल्य ख़तों पर कुंडली मारकर बैठे रहने का हक़ मुझे नहीं है—यह उन असंख्य पाठकों तक भी पहुँचने चाहिए जो भारतीजी के लेखन को दिलोजान से पसन्द करते हैं। डरते-डरते कुछ ख़त विभिन्न साहित्यिक पत्रिकाओं को भेजे तो जिस तरह पाठकों ने हाथों-हाथ लिया कि मैंने सोच लिया सभी पत्रों को पुस्तकाकार छपने दूँगी। पश्चिम में तो बड़े लेखकों के पत्रों और डायरियों को बेहद चाव से पढ़ा जाता है, अनेक पुस्तकें छपती रहती हैं पर हमारे यहाँ कभी इसकी ओर ज़्यादा ध्यान नहीं दिया गया है।

बात आधी सदी पुरानी है— तब भारती जी मुझे प्रतिदिन नियमपूर्वक पत्र लिखते थे। इन पत्रों से वे मेरे चरित्र को नयी दिशा दे रहे थे। कच्ची मिट्टी में से शायद मनचाही प्रतिमा तराश रहे थे। और मैंने भी सोच लिया था कि एक विशिष्ट सीमाहीन मर्यादा में स्वयं को बाँधकर क्षुरस्यधार पर चलूँगी और अपने व्यक्तित्व को ऐसा बना लूँगी कि इस गहरे प्रेम के अमृत की हर बूँद को ख़ुद में सोखती और धारती चलूँ। अब बरसों बाद लगा कि ऐसी प्रक्रिया में से गुज़रे हर व्यक्ति को ये पत्र बहुत अच्छे लगेंगे, सोचकर पुस्तकाकार पांडुलिपि तैयार करने के लिए उन पत्रों को छाँटने और अनावश्यक प्रसंगों को सम्पादित करने की प्रक्रिया में मुझे मिले कुछ ऐसे महत्त्वपूर्ण पत्र जो साहित्य के विद्यार्थियों के लिए बहुत लाभप्रद हो सकते हैं; तो सोचा कि सारे पत्रों की पुस्तक तो जब छपेगी-तब छपेगी, पहले यह पुस्तक तैयार कर दी जानी चाहिए।

हुआ यों था कि महज बाईस बरस की कच्ची उम्र में कण-कण साज-सँवार और अनन्त अछोर ममता के तानों-बानों से बिनी अपने घर की छाँव से दूर अकेली एक परदेस में आ गयी। सिनेमा, क्लब, पार्टीबाज़ी आदि के संस्कार थे नहीं। तो सूनेपन को मिटाने का एक ही रास्ता था कि हर समय ख़ूब पढ़ा-लिखा जाए। उन दिनों कलकत्ता का साहित्यिक परिदृश्य था भी बहुत ही—अच्छा जगमग! लक्ष्मीचन्द्र जैन जी के परिवार से घनिष्ठता थी जिस कारण किताबों की तो कोई समस्या थी ही नहीं—ख़ूब घनघोर पढ़ाई चलती रही उन दिनों। सम्पादक शरद देवड़ा ने 'ज्ञानोदय' के लिए कई पुस्तकों की समीक्षाएँ भी लिखवायीं—इस पढ़ाई-लिखाई का परिणाम यह हुआ कि जिस नाथ और सिद्ध साहित्य पर शोध-कार्य को अधूरा छोड़ आयी थी उस विषय में आगे काम करने की इच्छा मरती गयी और मन हुआ कि किसी ऐसे विषय पर काम करूँ जो आधुनिक लेखन से जुड़ा हुआ हो—कई विषयों पर विचार करने के बाद लगा कि 'आधुनिक हिन्दी प्रबन्ध काव्य में चरित्र प्रकार' पर काम करूँ तो जैसी साहित्यिक पिपासा जाग उठी है, उसे ठंडक मिलेगी। विषय अच्छा लगा। उसके लिए जो पहली ही किताब उठायी तो उत्साह के गुब्बारे की हवा निकल गयी और लत्ते-पत्ते समेटकर बैठ गयी कि अपने वश का नहीं यह सब—और एक पत्र में जब भारतीजी को लिखा कि यह जुंग तो हमें एक अक्षर भी समझ में नहीं आ रहा। एक बात समझो कि दूसरी में उलझा देता है—उलझनों की अजीब-सी गुंजलक में फँस गयी हूँ—मुझसे नहीं होगी यह मेहनत—तो फ़रमान आया कि जो synopsis बनायी है उसे भेजो तो देखें कि कर सकोगी या नहीं—और फिर तो ख़ूब आश्वासन और प्रेरणा मिली और बाक़ायदे उँगली पकड़कर गुरुजी ने चलना सिखाना शुरू कर दिया—उसी क्रम में ये कुछ पत्र पाठकों को समर्पित करते हुए बहुत सन्तोष का अनुभव हो रहा है और जीवन की इस सन्ध्या बेला में वैसा ही

भरा-भरापन महसूस हो रहा है जैसा कभी-कभी किसी पहाड़ पर ढलती शाम के सौन्दर्य के जादू को उनके साथ की ऊष्मा के साथ जीते हुए देखने पर मिला करता था।

**पुष्पा भारती**

25 दिसम्बर, 2008

18 July '59

इतवार सुबह लगभग 9 बजे। बादल घिरे हैं। इलाहाबाद कम-से-कम आजकल ख़ासा सुहावन है। नाश्ता करके तुम्हें लिखने बैठा हूँ। बोलो, तुम क्या कर रही हो इस समय? अगर मेरी बात याद होगी तो 'For whom the bell tolls' देखने की तैयारी कर रही होगी।

कल शाम कालका पर जाकर तुम्हें एक express लिफ़ाफ़ा छोड़ा है घर के पते पर। इसमें कान्ता के दो ख़त हैं, एक मेरा जिसमें रास्ते का और यहाँ पहुँचकर शाम तक का सारा हाल लिखा है। शाम को ख़त लेकर निकला तो 7 बजे थे। कालका मिलने की सम्भावना ही नहीं थी। सोचा चलो Bombay mail पर डाल देंगे। स्टेशन पहुँचे तो R.M.S. में टिकट ख़त्म थे। अब क्या करें? लौटे टेलीग्राफ आफ़िस आये। टिकट लिया। express किया उसे। लौटकर स्टेशन आये। 8 बजे थे। देखा ट्रेन आ गयी है—पर यह क्या, यह तो कालका है—मैंने पूछा नहीं था पर आज एक घंटे लेट है। मन खुश हो गया। गये, लिफ़ाफ़ा छोड़ा—लौटकर आये घर, तो देखा कोई गाड़ी खड़ी है। who can it be? देखा गिरजाकुमार, उनकी पत्नी और तुम उसे जानती होगी, राजनारायण बिसारिया खड़ा है। बिसारिया यहाँ रेडियो में आ गया है। मानव जी जयपुर जा रहे हैं—खड़े-खड़े चन्द बातें हुईं। मज़ेदार। गिरजाकुमार बहुत प्यार से तुम्हारे बारे में पूछ रहे थे।

डाक उल्टी-पल्टी। खंडवा में एक तुलसी समिति है। उसने 9,10,11 को तुलसी जयन्ती का आयोजन किया है। उसमें बुलाया है। 125/- देंगे वे—कुल मिलाकर। मेरा ख़्याल है दादा से मिल आऊँ। अच्छा अवसर है। बोलो? तुरन्त जवाब दो कि जाऊँ या नहीं? तुम्हारा उत्तर पाते ही स्वीकृति भेज दूँगा। वहाँ एक भाषण मात्र देना है। डाक में कलकत्ता के प्रख्यात प्रकाशक New Age Publishers ने एक प्रख्यात बँगला पुस्तक का अनुवाद भेजा है 'कितने अनजान रे' 'कतो अजाना रे'। उसका कुछ अंश रात सोते समय पढ़ा। बहुत अच्छा लगा। ख़त्म करके तुम्हें भेज देंगे। बहुत ही अच्छा लगा। डाक में सन्तो का कार्ड आया है कान्ता के नाम, जिसमें लिखा है : 'घर आकर पुष्पा के ख़त की प्रतीक्षा की। न आना था सो न

आया।' वह लिफ़ाफ़ा तो छोड़ ही दिया होगा। बाबा एक पोस्टकार्ड भी तुरत छोड़ दो। अपना पता भी उसमें लिखना न भूलना। Hurry up.

रिसर्च के लिए यह विषय तो पसन्द आया लेकिन बेबी तुमने जो Synopsis बनाई है, वह टुकड़ों में तो अच्छी लगी पर पूरी तरह पसन्द नहीं आयी। मोटे तौर पर रूपरेखा क्या होगी यह बताये देता हूँ फिर जैसे-जैसे काम करती चलोगी—देखता रहूँगा। ठीक कहती हो कि बिना जुंग को समझे तुम अपने विषय में गहरे धँस नहीं पाओगी—आज तुम्हें जुंग के बारे में बेसिक बातें बताये देता हूँ—आगे जब ख़ुद समझ लोगी तब discuss करेंगे।

सी. सी. जुंग ने संसार के साहित्य, पुराण आदि का अवगाहन कर यह माना है कि कुछ विशिष्ट character types हुआ करते हैं। आदिम पुराण गाथाओं में जिनके उदाहरण मिलते हैं। उनके उसने कुछ लक्षण बताये हैं तथा उसका यह कहना है कि समस्त पुराण, इतिहास, गाथा, साहित्य (काव्य, उपन्यास, नाटक) में पाये जानेवाले चरित्र इन्हीं कुछ वर्गों के होते हैं। उनके मूल लक्षण तथा आधार प्रवृत्तियाँ एक-सी होती हैं। केवल उन्हीं लक्षणों तथा प्रवृत्तियों का युग तथा परिस्थितियों के अनुरूप (कभी उसके अनुसार, कभी उसकी प्रतिक्रिया में विकास होता चलता है) मसलन, जैसे उसने माना कि extrovert और introvert दो type होते हैं। extrovert कथानक में प्रवेश करता है। उसके सूत्र अपने हाथ में लेता है और क्रियात्मक क्षेत्र में सजगता से सक्रिय हो उठता है। introvert उतने शीघ्र action में प्रवृत्त नहीं होता—वह तटस्थ रहता है और संकट के समय अपने मन में डूबकर अन्तर्मुखी हो जाता है, ऊहापोह करता है, विचार करता है—मूल्यांकन करता है। फिर character types कभी-कभी इन दोनों के मध्य के होते हैं, कभी-कभी प्रारम्भ में वे introvert होते हैं ज़िन्दगी उन्हें extrovert बना देती है। कभी आरम्भ में introvert होते हैं। कोई मानसिक आघात उन्हें extrovert बना देता है।

जुंग की ही भाँति Marx, Freud तथा Adler ने भी कुछ character types बताये हैं। आपको पहले इन चार प्रकार के व्यक्तियों के चरित्र वर्गीकरण का अध्ययन करना होगा। फिर संक्षेप में यह देखना होगा कि पश्चिमी तथा भारतीय साहित्य शास्त्र में जो चरित्रों के वर्गीकरण हुए हैं—नायकों के, नायिकाओं के वे कहाँ तक मेल खाते हैं या उनसे कहाँ तक अलग हैं। इतना करके आपको 8 या 10 character types निर्धारित कर लेने होंगे। यह काम होगा प्रथम अध्याय का।

इसके बाद आपको हिन्दी के आधुनिक महाकाव्य उठाने होंगे—साकेत, प्रिय प्रवास, कामायनी तथा अन्य minor महाकाव्य—पार्वती, तारकवध आदि। उनके जितने पात्र हैं, वे किस वर्ग के हैं? क्यों? किस वर्ग के चरित्रों की प्रधानता है? क्यों?

फिर खंडकाव्य लेने होंगे—यशोधरा, द्वापर (मैथिलीशरण), पथिक, मिलन (रामनरेश त्रिपाठी), तुलसीदास (निराला), रश्मिरथी (दिनकर) तथा अन्य minor खंडकाव्य। उनके पात्रों का वर्गीकरण और विवेचना करनी होगी। फिर छोटे कथाकाव्य लेने होंगे—नहुष, पंचवटी, जयद्रथ वध and so many. उनमें यही विश्लेषण करना होगा।

फिर कुछ परिणाम और उपसंहार!

इसकी कार्य प्रणाली बहुत सरल है। कुल तीन किताबें Marx पर, दो किताबें Freud पर, एक किताब adler पर, एक जुंग पर। ये 10 किताबें सिद्धान्त की पढ़नी होंगी। उन्हें मैं तुम्हें आसानी से समझा दूँगा। इस सितम्बर-अक्टूबर में जब कहीं चलेंगे तो घंटा भर नियमित रूप से तुम उसी प्रकार राजन की बाँह पर चुटैया फहराकर, घुटनों पर हाथ रखकर बैठना जैसी उस चित्र में बैठी हो और यह सैद्धान्तिक अध्ययन 13 या 14 दिन में पूरा कर लोगी और 10 basic character types निर्धारित कर लोगी और उनके अलग-अलग 10 डिब्बे बना लोगी।

फिर जयद्रथ वध से लेकर कनुप्रिया तक 51 महत्त्वपूर्ण महाकाव्य, खंडकाव्य और छोटी कथा-काव्य कृतियाँ छाँट लोगी और उनका द्विविध वर्गीकरण कर लोगी—

(एक) रूपानुसार—अर्थात्— महाकाव्य कौन हैं<br>
खंडकाव्य कौन हैं

तथा अन्य

(दो) कालानुसार—अर्थात— द्विवेदी युग के<br>
छायावादी युग के<br>
छायावादोत्तर युग के

फिर उनको पढ़ोगी और उनमें जितने चरित्र होंगे (उल्लेखनीय) उन हरेक का अलग-अलग कार्ड बनाओगी। उसमें उनकी चरित्रगत विशेषताएँ लिखोगी और जो दस डिब्बे बनाये हैं, उनमें से जिसके अन्तर्गत वह चरित्र होगा, उसका कार्ड उसी में डाल दोगी। इस प्रकार तुम्हारा basic material तैयार हो जाएगा और ऊपर की योजना के अनुसार हर अध्याय लिख डालोगी।

इस विषय में फ़ायदा यह है कि बहुत Pointed विषय है, सीमित पुस्तकें पढ़नी होंगी—कार्यप्रणाली बहुत mechanical और सरल है। मस्तिष्क पर ज़ोर नहीं पड़ेगा, भटकना नहीं पड़ेगा। पर साथ-ही-साथ विषय दिलचस्प है, रूखा नहीं। लगकर करोगी तो 18 महीने में थीसिस टाइप हो जाएगी। मेरा एक रिसर्च स्कालर character type in Social novel कर रहा है इसलिए मुझे भी कोई अतिरिक्त

अध्ययन नहीं करना पड़ेगा।

लोढ़ाजी से भी चाहो तो discuss कर लेना। लेकिन पहले सितम्बर के अन्त तक निरन्तर वज़न बढ़ाकर दिखाओ तब अक्टूबर में छुट्टियों में काम शुरू कर पाएँगे वरना इस साल नहीं। लेकिन नहीं—जब मेरी राजे जानती है कि उसे खा-पीकर वज़न बढ़ाना है तो अब वज़न बढ़ाएँगे, है न! और ख़ूब ख़्याल रखोगी अपना—बताओ न कितना बड़ा उत्तरदायित्व है उस पर। राजन बाबू अपने सब कुछ की जिम्मेवारी उस पर छोड़ गये हैं। कहते हैं अब मैं कुछ नहीं जानता। बहुत थक गया हूँ। तो इतनी बड़ी जिम्मेवारी और इतनी मीठी ज़िम्मेवारी सँभालने को हमारी मधुरिमा पीछे नहीं पड़ेगी—है न?

हाँ, तुम हावड़ा से लौटते हुए भवानीपुर होकर गयी थीं? वह दवा ले ली थी? it is order कि उसमें लापरवाही न हो। आज मुखर्जी से मिलीं! Ferradol की जगह क्या बताया? हाथ-पाँव के जलन के लिए क्या कहा? मूली-अदरक विमटो, खूब लेती रहना और हाँ मृत संजीवनी सुरा ले आना, समझीं। कल मैं आकर रुपया नहीं निकाल पाया। आज इतवार है। कल सोमवार को रुपया निकालूँगा तब डॉ. बसु से मिलकर साहा की दवाएँ शुरू कर दूँगा।

बेहद ख़ूबसूरत पानी बरस रहा है राजे! दो घंटे से—भीग रहा है लॉन। भीग रहा है पीपल। भीग रही हैं मालती की, अंगूर की, गुलाब की लताएँ, भीग रही है खिड़की पर चढ़ी जैक मांटिया—तुम क्या कर रही हो राजे इस वक़्त? यहाँ आओ, मेरे पास बैठो—आओ उसी प्रकार घुटनों के बल पास बैठकर गोद में खुली किताब पर झुक जाओ। नहीं—यह चोटी पीछे नहीं आगे कर लो, मेरी बाँह पर बिखेर दो। और आओ हिलमिलकर कोई किताब पढ़ें। कौन-सी पढ़ोगी! कोई मीठी-मीठी उदास-सी हलके रंगोंवाली कहानी—कोई नर्म नाज़ुक कविता, कोई बहुत पवित्र, प्यारी कथा बहुत delicate क्षणों की—तुम पढ़ो मैं सुनूँ—या नहीं, तुम भाव विभोर सुनो—मैं कहूँगा—सुनो एक थी...पर यह क्या—तुम पास बैठी हो और कोहनियों से गुलाबों की खिलती पांखुरियों की धड़कन धीरे-धीरे ऊपर चढ़ रही है—और हल्की मीठी ख़ुमारी-सी छा रही है—साँसों में—पलकों पर...बताओ ऐसे में कोई क्या कहे? क्या बोले?...पानी बरस रहा है, मीठी है बूँदों की आवाज़ पौधों पर, पत्तियों पर, लतरों पर, पोखर पर... और याद आ रही है कमिंग्ज़ की कविता की वह पंक्ति 'कोई नहीं यहाँ तक बरखा बूँदों की हथेलियाँ भी इतनी नन्हीं नहीं होतीं जितनी तुम्हारी...और बरखा बूँदों की हथेलियों से भी नन्हीं हथेलियाँ मेरे घुटनों पर टिकी

हुई हैं और सामने मेरी गोद में किताब खुली है, और किताब पर झुकी हुई है सूर्या और आम्रमंजरी पूरित मांग और चन्द रूखी हठीली लटें और मैं पढ़ रहा हूँ—पुस्तक नहीं—मैं पढ़ रहा हूँ वह मांग—वह हठीली लटें—वह नन्हीं, घुटनों पर टिकी हथेली...पानी बहुत प्यारा बरस रहा है—राजे! तुम क्या कर रही हो इस समय...

शनिवार 25.7.59
शाम 4 बजे

ठीक सात दिन! पिछले हफ़्ते शुक्रवार को अपने घर से चलकर आज के दिन यहाँ पहुँचा था और बेहद गहरी नींद से सोकर ठीक इसी समय उठा था और चाय पीकर तुम्हें लिखने बैठ गया था। रास्ते का हाल और बृहस्पति—संवर्त की कथा। आज अभी-अभी धर्मयुग का जो सारा मैटर कल पूरा किया था, आज उसकी टाइप कापी ठीक की, final touches दिए। मेकअप के सुझाव लिखे, सम्पादक को ख़त लिखा, लिफ़ाफ़ा बन्द किया, एक चक्कर लान का लगाया और फिर उसे लिखने बैठे हैं जिसके लिए, जिसके कारण, जिसकी ओर से मेरा यह सारा लिखना-पढ़ना है।

सच राजे! तुमने कभी लिखा था कि मुझे प्यार करने के अनगिनत तरीक़े आते हैं। आते नहीं थे पता नहीं किससे जान लिये। लेकिन मेरी अभिमान, जानती हो तुम्हें प्यार करने का कौन-सा तरीक़ा मेरे व्यक्तित्व के एक-एक कण को तृप्त कर जाता है, परितृप्त कर जाता है। तुम्हारे लिए कुछ भी लिखकर पूरा करने का सुख! तुम्हें हराकर जो तृप्ति मिलती है वही शायद लिखने में मिलती है। मेरी चरम सार्थकता, मैं कितने कितने-कितने शब्दों के प्रगाढ़ फूलपाश में जकड़ लूँ तुझे। कितने-कितने बिम्बों में तुझे अंकित करूँ, कितने गीतों में तुझे गाऊँ, कितनी कथाओं में तुझे लिख डालूँ—मुझमें, कोबियाल में कौन-सी मृदुल आग है जो ये पनसुतिया, ये नीली धारीवाले गुलाब धधका देते हैं। और विशेषतया इस बार—इस बार कौन-सा आश्वासन, कौन-सी ताक़त, कौन-सा सन्तोष देकर भेजा है तुमने—जानती हो, जो भी मिलता है कहता है, "इस बार तुम लगता है जैसे उबर रहे हो, तुममें तुम्हारी अपनी ताक़त, अपना उत्साह, अपनी तुर्शी वापस आ रही है। और सब लोग क्या जानते नहीं कि यह मुझे कौन खींच लाया है उस लोक से...सब जानते हैं, आदरपूर्वक जानते हैं।

अभी कल की बात बताएँ। बड़ा मज़ा आया। कल मैंने ज्यों ही लेख ख़त्म कर पेन रखी कि तुम्हारा ख़त आया। वही इग्ज़ोरा के फूलों की कविता वाला। तुम्हें उसी समय इनलैंड लिखा, जिसमें लिखा था कि आज जा रहा हूँ सिविल लाइंस में

चहकने। सो कपड़े पहने, पहले गया तुम्हारा इनलैंड छोड़ने Bombay mail पर। वहाँ से लौटा तो कोई नहीं था सिविल लाइंस में—मैंने साइकिल भगायी और गया चैथम लाइंस। रघुवंशजी और वह ( ?) बैठे खाना खा रहे थे छत पर। साढ़े नौ बज चुके थे। मुझे आते देखकर अचरज में पड़ गये। जब मैंने बताया कि मात्र आवारागर्दी के लिए आया हूँ तो पुलक उठे। बोले, "रामस्वरूप—ओफ़्फ़ोह कितने दिन बाद हमारे भारती जी की real spirit लौटी है।" रघुवंश बोले, "अब लगता है तुम सारी यन्त्रणा से उबर रहे हो। तुम्हारा real mood लौट रहा है।" बस इस समय तो इतनी बात होकर रह गयी। आगे चली 'निकष' 'ज्ञानोदय' की बात। तो रघुवंश बोले, "चलो अगस्त-सितम्बर में हम लोग कलकत्ते हो आएँ। घूम भी आएँगे।" ज्ञानपीठ का काम भी कर आएँगे। तो मैं बोला, "आप रामस्वरूप हो आइए—मैं तो मिल आया हूँ लक्ष्मीचन्द्रजी से। तो रघुवंशजी बहुत ममता से बोले—"चलो हो आओ। यह मूड जो लौटा है पक्का हो जाएगा। ताज़े रहोगे, काम करोगे हम लोगों की दो साल से व्यापी चिन्ता मिटेगी।"

फिर छोटकऊ देवर ने लजाते-लजाते पूछा—पुष्पाजी को लिफ़ाफ़ा मिल गया था समय से। फिर बताते रहे कैसे उन्होंने phone किया, फिर ऑफिस बन्द था, फिर ऑफिस खुलवाया आदि...

सपन मेरे! मेरी प्रणामबद्ध अंजुलियों में सहेजे हुए सपन—अब धीरे-धीरे खिलो न—एक-एक पंखुरी—तुमने क्या पढ़ना शुरू किया? सुनो—मालिश करवाने का इन्तज़ाम करो, चाहे कितना भी देना पड़े नाउन को—यह थकान बैरिन हमारी योजनाओं के रास्ते में नहीं आनी चाहिए न! उपन्यास पढ़ो, कविताएँ पढ़ो, डूबो और जो मन में आये, लिखो। तुम्हें याद है 'ज्ञानोदय' में पहले दो-एक लेख निकले थे कविताएँ पढ़कर वैयक्तिक reactions—वैसे लिखो न! लिखो अपने impressions चाँदनी रातों में दीघा के समुद्र के, बचपन के, उन जाड़े की दोपहरियों के जब हम लोग कविताएँ पढ़ते थे, सुहागी की पहाड़ियों के! सपन मेरे! तन के मन के एक-एक कन के अमित दुलार से रचे सपन! अब खिलो न!

रिसर्च का वह विषय पसन्द आया, और इतना अच्छा लगा कि मैं युनिवर्सल जाकर जुंग की Psychological types पर विश्वविख्यात ग्रंथ उधार ख़रीद लाया। उसमें तेरे काम का सारा matter है। शेष सब मैं धीरे-धीरे जुटा दूँगा। बस इस साल खूब लाल सेब-सी हो जा—अगले साल इस काम में जुटना और साल भर में पूरा कर लेना। सुन तू मृत संजीवनी सुरा क्यों नहीं ले आती। अच्छा आज कॉलेज से लौटते हुए ले आएगी न। बुगलिया आज तुम पर इतनी ममता, इतना दुलार क्यों

उमड़ रहा है। ले इग़ज़ोरा के फूल तेरे बाग़ में खिले हैं उनकी एक-एक सींक चुनकर भेज रहा हूँ।

सुन ये इग़ज़ोरा खिलता है न तो एक-एक फूल में सौ-सौ सींकें होती हैं। अपने गुलाब जैसे पद्मावत के समय रहे होंगे उतने बड़े-बड़े गुच्छे!

रविवार, 26 जुलाई, 59
रात 9 बजे

आज से तीन दिन पहले बुधवार की रात 8 बजा होगा। सोमवार-मंगल को कविताएँ वगैरह छाँटी थीं, सोचा था बुधवार अपनी संगिनी का lucky day है अत: उस दिन लिखना शुरू करूँगा। लेकिन उस दिन शाम तक पत्र न आने से मन कुछ उचट गया था। गया कालका मेल पर पत्र छोड़ा और लौटा...

लौटते समय विपिन साथ थे। सामने सड़क के सुदूर छोर पर चाँद निकल रहा थाा। पीला, थोड़ा कटा हुआ और बादल पीछे के तीतरपंखी थे और चाँदनी कहीं-कहीं धुँआ-धुँआ-सी बादलों के बीच झाँक रही थी और अच्छा लग रहा था साइकिल चलाना। हम लोग घर न जाकर कम्पनी बाग़ में एक पेड़ के नीचे सीमेंट की बेंच पर बैठ गये। और दुनिया भर की बातें उससे हो रही थी। परिमल की, लक्ष्मीकान्त की, इसकी-उसकी...लेकिन उधर मेरी निगाह उठी और मैंने जो देखा उसे शायद कभी नहीं भूल पाऊँगा। चाँद बादलों में आधा निकला, ऊँचे-घने छतनार पेड़ों के ऊपर और विक्टोरिया के स्मारक का संगमरमर अँधेरे में साँवला और ऐसा लग रहा था जैसे दफ्ती की एक मीनार-सी काटकर खड़ी कर दी गयी हो, और जिन रंग-बिरंगे कचनारों के नीचे हमने होड़ बद कर कलियाँ बीनी थीं, वे अँधेरे में चुप खड़े थे—और सारा दृश्य किसी जादू के लोक का लग रहा था और रहस्यमय लग रहा था चाँद। उसी क्षण जैसे बिजली की तरह यह बात मन में कौंध गयी...

पता नहीं वह बात, वह अनुभूति किन शब्दों में व्यक्त करूँ! उफ़ कितने आयाम हैं तुम्हारे प्यार के भारती-वधू! उस दिन जैसे किसी अनदेखे बन्द दरवाज़े की भाँति वह क्षण खुल गया और मैंने देखा तुम्हारे प्यार का सर्वथा नया आयाम...कैसे बताऊँ—

उस समय मुझे सचमुच लगा जैसे ये चाँद जहाँ जगमगा रहा है, वहाँ इन कटे-कटे बादलों के बीच से सीढ़ियाँ जाती हैं—कहाँ जाती हैं, ये नहीं मालूम—पर इनके बीच से सीढ़ियाँ जाती हैं—क्या दीख रही हैं वे सीढ़ियाँ? स्पष्ट चाँदनी में चमक रही हैं। कहाँ ले जाती हैं ये सीढ़ियाँ? पता नहीं कहाँ? पर जहाँ ले जाती हैं वहाँ सब कुछ स्वच्छ रुपहला है पर सब अपार्थिव है धूमतरल है। वहाँ धुएँ में से ही एक दुग्ध धवल सेज सजी है और दीघा की एक मसहरी पर चारों ओर चार

रजनीगन्धा की मालाएँ लटकी थीं वैसी श्वेत मालाएँ। (पर रजनीगन्धा की नहीं, जाने किस फूल की) चारों ओर छायी हैं लतरों की तरह—और तुम हो जूड़ा बनाये और जूड़े में लापरवाही से सफ़ेद बेले की माला लपेटे—और सुगन्ध-सुगन्ध-सुगन्ध...और फिर और भी—बादलों की परतों के पार सड़कें हैं, राजमार्ग हैं, भवन हैं, मीनारें हैं, चन्दन-द्वार हैं और राज मेरे वह सब तुम हो! तुम हो वे राजमार्ग जिन पर मैं उस चाँद-लोक में चलता हूँ। तुम हो वह भवन जिसमें मैं रहता हूँ। तुम हो वह सेज जिस पर मैं सोता हूँ। तुम हो वह द्वार जिसे मैं खोलता हूँ, तुम हो वह जादू जिसमें मैं डूबता हूँ...मैं विपिन से बातें कर रहा था, पर मैं उसके बगल में नहीं था। मुझे लग रहा था यह जो इस समय कम्पनी बाग की एक बेंच पर जो बैठा हुआ है वह मैं नहीं हूँ—वह मात्र एक आदत है। वह मात्र एक लाचारी है—मैं वहाँ हूँ उन बादलों के पारवाली सड़कों पर तुम्हें चलता हुआ, उन चाँद डूबे भवनों में तुम्हें रहता हुआ, उन बेला परती सेजों पर तुम्हें सोता हुआ, उन चन्दन कपाटों में तुम्हें आहिस्ते से खोलता हुआ—सुगन्ध, सुगन्ध, निजी नशीली सुगन्ध—

●●

यह तो हुआ बुध को—बृहस्पति, शुक्र को खूब काम में लगा रहा। शनिवार को—यानी कल फिर गया तुम्हें कालका पर ख़त छोड़ने। शाम को 7 बजे थे। सारा आसमान साफ़ था...पूरब की ओर एक विराट बादल—बाबा रे! कम-से-कम 6-7 मील बड़ा तो होगा—पता नहीं कहाँ से आकर जैसे नगर पर टिक गया था। और रंग उसका? धुनकी हुई रुई-सा, हंस के पंखों-सा, बर्फ-सा श्वेत—और एक परती नहीं था। लगता था जैसे सैकड़ों पर्त-दर-पर्त उस बादल में हों। मैं स्टेशन के अन्दर जाने के पहले एकटक खड़ा होकर देखने लगा—ऐसे बादल पहले कभी इस शहर पर आते ही नहीं थे। अब कौन भेजता है इन्हें?

और तब एक अजीब चीज़ देखी उसमें। पर्त-दर-पर्त के बीच एक स्थान पर थोड़ा-सा हिस्सा, जरा-सा गहराव लिये था। वहाँ पर छाया का ऐसा अजीब खेल था कि लग रहा था जैसे उतना-सा बादल वहाँ खुल गया है और पता नहीं ऊँचे-ऊँचे विराट पहाड़ों की कोई घाटी गहरी घाटी दीख रही हो और मैं खड़ा-खड़ा देख रहा था कि इस घाटी में पता नहीं किस ढलान पर किसी देवदारु के नीचे लेटी हुई तुम अवसादी मुद्रा में मेरा इन्तज़ार कर रही हो—और दीघा के झाऊओं की छाया की भाँति तुम अपने स्लैक और शर्ट में हो और गुलाब मुझे बुला रहा है—ओह! उस समय अगर मैं बीच लाइन के खड़ा होता और ट्रेन भी आ जाती तो मुझे पता नहीं लगता—

और आधे घंटे प्रतीक्षा की। ट्रेन आयी, खत छोड़ा। लौटने लगे तो पुल से देखा बादल शाम को गहरे जामुनी रंग के हो गये हैं और सारे क्षितिज पर फैल गये

हैं और उनमें मीनारें, क़िले, बारजे, बुर्जियाँ बन गये हैं और उन सबके पीछे कहीं सिन्दूर बिखरा है पर बहुत पोशीदा—छिपा छिपा—

क्या यह सब अव्यक्त रूप में तुम आजकल भेज रही हो या इन विचित्र से अनुभवों से मन में आ रहा है कि सचमुच इन बादलों के पार कोई वास्तविक दुनिया बसी है और इस भौतिक दुनिया और उसके बीच खिड़कियाँ और दरवाज़े हैं जो शाम को सूर्यास्त के समय या रात को चन्द्रोदय के समय बादलों में झलकने लगते हैं और उस समय एक क़दम हम अगर बढ़ा दें तो उन दरवाज़ों के पार पहुँच जाएँ—

और जानती हो क्या लगता है?

जैसे बादल ऊपर उड़ते हैं, नीचे उनकी छाया समानान्तर दौड़ती चलती है—वैसे ही मैं प्रतिक्षण जन्म-जन्मान्तर से मात्र वहीं जीता आया हूँ तुम्हें चलता हुआ, तुम्हें रहता हुआ, तुम्हें सोता हुआ, तुम्हें खोलता-मूँदता हुआ, तुम्हें जीता हुआ—और यह नीचे की ज़िन्दगी छाया है मात्र छाया—

नीचे की छाया उलझती है काँटों से, तैरती है पोखर पर, उड़ती है छतों-आँगनों पर, उलझती है तारों में, टूटती है सीढ़ियों पर, भटकती है चरागाहों पर—

लेकिन ऊपर बादल हंस श्वेत बादल मात्र नीले गहरे अथाह मानसरोवर में तैरता रहता है—सदा तृप्त, सदा अतृप्त, सदा पहुँचा हुआ, सदा चलता हुआ।

राज! यह कैसा अजब-सा आयाम अपने प्यार का आजकल भेज रही हो—

....................

....................

....................

....................

....................

....................

लो तुम्हें विश्वास नहीं होगा! जानती हो क्या हुआ। ऊपर का आधा वाक्य पूरा लिखा भी नहीं था मात्र दिमाग़ में था कि बेहद गहरी नींद आयी—उसके पहले एक जम्हाई नहीं—ज़रा आलस नहीं, बस शायद 10 बजे होंगे रात के...कि एकदम जैसे किसी ने मन्त्र पढ़कर दो सेकेंड में सुला दिया हो। नींद खुली घंटे भर बाद जब हिन्नी ने आकर जगाया—प्यार! आज 26 तारीख़ है—क्या तुमने थककर सोने के पहले मुझे समूचा बुलाया—समूचा डुबो लिया—और अब जग गया हूँ तो फिर ज्यों-का-त्यों। कैसी जादू-निद्रा थी यह—साधारण नींद तो नहीं थी। सच बताना, क्या तुमने मुझे बुला लिया था?

और देखो ठीक आधो-आध चाँद कैसा अजीब निकल आया है। 12 बज रहे होंगे अब। तुम्हें याद है जायसी वाला शब्द 'रंगधारी'—जिसे गुलाबों पर अंकित

करने का प्रयास इस बार राजन ने किया था। वैसी ही दो नीली धारियाँ डालती हुई बादल रेखाएँ बीचोबीच उसके आरपार और उसके नीचे की नोक एक अथाह गहरे काले बादल में 5% डूबी हुई, और दिन भर पानी बरसकर खुल गया है। काफी ठंडक है आज—और और...

अब आओ, उठो और ऐसे ही राजन की गोद में कोहनी टेककर, उनके कन्धे पर माथा टेककर बैठो—तुमसे कुछ मन की बातें करें : देखो मेरे प्यार, उस दिन बुधवार को जब विपिन से पार्क की ठंडी बेंच पर बैठा बातें कर रहा था तो एक अजीब-सी बात मन में आयी। वह यह कि मेरे अधिकांश मित्रों ने मन के स्तर पर जैसे involve करना छोड़ दिया है। जिन्दगी की चन्द ऊपरी सतहों पर काफी तीखेपन से महसूस करने के बाद अब जो हमारे अस्तित्व और अनुभूति का विराट रहस्य है उसमें धँसना छोड़ दिया है। यही नहीं वरन यह भी कि वे उस ऊपर की सतह को ही final मान बैठे हैं और जैसे मिट्टी की ऊपरी सतहें सूखकर पपड़ा जाती हैं न, गहरे भीतर कहीं मिट्टी बराबर नम और सोंधी बनी रहती है—वैसे ही उनके हृदयों की अपनी सतहें सूखकर पपड़ा गयी हैं पर अन्दर अपने ही हृदयों में गहरे उतरकर उसकी आर्द्रता और नमी और सोंधापन को ग्रहण करने और fully realise करने का उत्साह और आस्था जैसे अब उनमें धीरे-धीरे समाप्त हो रही है।

साहित्य में भी अक्सर अब वे मात्र ऊपरी बातों की चर्चा और विवाद करते हैं अन्दर का रस उनके हाथ से छूट जाता है।

तुम जानती हो मेरे मित्र मुझे कितना प्यार करते हैं, मैं अपने मित्रों को कितना प्यार करता हूँ—लेनिक लगता है कि कहीं अब मैं जरा अलग-सी पगडंडी पर चल रहा हूँ, और वे पुराने दस साल पहले ग्रहण किये गये रास्ते की लीक पीटते चले जा रहे हैं—

राजे, मेरी सब कुछ, मेरी एक मात्र अन्तरंग मित्र, मेरी कला, मेरी उपलब्धि, मेरे जीवन का नशा, मेरी दृष्टि की गहराई—मैं नहीं जानता तुम्हारे टी. एस. इलियट ने क्या कहा है—कौन व्यक्ति है जो Suffer करता है। कौन व्यक्ति है जो लिखता है—सिर्फ इतना जानता हूँ कि मैं, मेरी कला, मेरा मन, मेरी दृष्टि सब कुछ तुम हो—वे हंस से उलझने वाली Ruffian उँगलियाँ हैं जो लिखती हैं, मैं नहीं—टी. एस. इलियट ने अगर ऐसा प्यार पाया होता तो वह भी यही कहता।

फिर मेरे सपन! टी. एस. इलियट ने जो कहा है उसका अर्थ एक दूसरे सन्दर्भ में माना जाया करता है। तुम जानती हो कि हमारे यहाँ कहा गया हैं कि कला में साधारणीकरण होता है। अर्थात् कला में अभिव्यक्त कलाकार का सुख-दुख, राग-विराग मात्र उस व्यक्ति का नहीं होता—वह सभी व्यक्तियों का होता है। तभी तो कलाकार के द्वारा व्यक्त किये गये सुख में सब सुखी होते हैं, उसके दुख में सभी

दुखी होते हैं—

अतः अनुभूति के दो स्तर हुए—एक तो हमारा सर्वथा private जिससे किसी से कोई मतलब नहीं। एक वह जो हमारा होते हुए भी उस स्तर का है जहाँ वह केवल हमारा नहीं सबका है।

टी. एस. इलियट के कहने का तात्पर्य यह है कि कला की प्रक्रिया में हमारी अनुभूति बिल्कुल निजी दुख-सुख की एकान्त निजता को तोड़ देती है और उस सीमा से मुक्त होकर केवल निजीपन से छूटकर सार्वभौमिक हो जाती है। इसी को उसने जो शब्दावली दी है वह थोड़ी-सी भ्रामक है। भ्रामक इसलिए कि T.S. Eliot के पहले बराबर यह कहा जाता था कि कला is an expression of your personality. और उसका विकृत अर्थ यह लिया जाता था कि कला की अनुभूति चाहे दूसरों के लिए सार्थक हो या न हो—वह केवल कलाकार के private व्यक्तित्व की अभिव्यक्ति मात्र है।

तो T.S. Eliot ने यही पूछा कि यदि ऐसा है तो वह कला उस पाठक को द्रवित क्यों करती है जो कलाकार से न तो परिचित है, न कलाकार के private व्यक्तित्व में कोई रुचि रखता है।

तब कला की इस सार्वभौमिकता को व्यक्त करने के लिए उसने यह कहा कि art is an escape from personality और जब उसने यह कहा कि man who creates is different from man who suffers तो उसका मात्र अर्थ यही था कि कलाकार के ही व्यक्ति के दो पक्ष होते हैं एक बिल्कुल निजी स्तर पर भोगता है और दूसरा सार्वभौमिक स्तर पर create करता है।

●●

इस प्रकार वह कलाकार अपने से बाहर कहीं भागकर मुक्त नहीं होता प्यार! वह अपने अन्दर ही मुक्त होता है—निजत्व से मुक्त नहीं होता वह मुक्त होता है 'पृथकता' से। जहाँ पर सार्वभौमिक अस्तित्व से पृथक है, कटा हुआ है, उस खाई को वह कला सृजन में पाटता है। वह जीता है 'पृथकत्व' के स्तर पर सृजन करता है अभिन्नत्व के स्तर पर

............................

............................

............................

............................

लेकिन तुम्हारे कोबियाल क्या करते हैं, यह वे जानें और तुम जानो! पर इतना ज़रूर जानता हूँ कि टी. एस. इलियट ने अगर ऐसा गहन प्यार पाया होता—ऐसी पनसुतियाँ, गुलाब और अगस्त्य के फूल उसे मिले होते तो मेरी सपन! उसने एक

बात और realise की होती—वह यह कि कलाकार पृथकत्व के ही स्तर पर जिये—एक चेतना का स्तर वह भी होता है जब हम हर क्षण जीते हैं तो व्यक्तिगत अनुभूतियों के ही माध्यम से विराट को जीते चलते हैं। हम नितान्त निज में जीते हुए भी सर्व को जीते हैं—एक खंड को जीते हुए भी सम्पूर्ण को जीते हैं—केवल उसमें आवश्यकता होती है एक अजीब-सी दृष्टि की। उस दृष्टि को पाकर हम हर क्षण के पीछे के विराटत्व को पहचानते चलते हैं हर निजी आवेग के पीछे के सम्पूर्ण सन्दर्भ को पहचानते चलते हैं।

याद है तुम्हें सूर्या! पिछले साल मैंने तुम्हें एक बार लिखा था कि तुम अपने प्यार के व्यापक अर्थ पहचानती हो। क्या तुम जानती हो कि वस्तुत: वे हम दोनों थे जिन्होंने गुहामानव की चरम हिंस्र प्रवृत्तियों का अतिक्रमण कर सृष्टि के आदिम सूर्योदय में पहली बार यह जाना था कि एक-दूसरे का तन पूजा का साधन है, भक्षण या पाशविक तृप्ति का नहीं! क्या तुम्हें मालूम है कि जन्म-जन्मान्तर में यह हमारा प्यार है जो वंशी की भाँति वट के नीचे तुम्हारा नाम बजाता रहा है।

जब हम यह पहचान लेते हैं मेरी सपन तो हमारी हर डुबान मात्र हमारे तन के 'पृथकत्व' की प्यास नहीं रह जाती वह विराट के एकत्व की प्रतीक हो जाती है। हर हार हमारे तन का एक reflex मात्र नहीं रह जाती है—वह अपने पृथकत्व का सम्पूर्ण विसर्जन का प्रतीक बन जाती है।

हमारा सम्पूर्ण जीवन 'पृथकत्व' के स्तर का विसर्जन और सम्पूर्ण सत्य का साक्षात्कार बन जाता है—और फिर ज़रूरत नहीं रहती मेरे अभिमान कि हम जियें पृथकत्व से स्तर पर और लिखें उससे मुक्ति पाने के लिए—जीते हैं हम चरम एकात्य के उल्लास के लिए—लिखते हैं उस उल्लास को एक वाणी देने के लिए।

जब मैं कहता हूँ कि मैं तुममें जीता हूँ अनुक्षण, तुम्हें पाता हूँ। अनुक्षण, तुम्हें भोगता हूँ, तुम्हें सोता हूँ, तुम्हें खोलता हूँ, मूँदता हूँ, तुम्हें पीता हूँ, तुम्हें साँसों में लेता हूँ, तुम्हें चलता हूँ, तुम्हें लिखता हूँ—तो तुम उसका अर्थ समझती हो मेरी दिग्वधू, कालवधू। जब तुम मेरी बाँहों में होती हो तो मैं जानता हूँ कि मेरा पृथकत्व विसर्जित है मैं सम्पूर्ण में लीन हूँ—मैं जानता हूँ कि यह सूर्य चमकता है, यह पृथ्वी गन्धमयी है, यह जल बहता है, यह समीरण डोलता है,यह आकाश गहरा है क्योंकि ये सब मेरे निष्कम्प दीपशिखा वाले सुनहरे तन को आधार देकर सार्थक हैं क्योंकि यह उपभोग्य निष्कम्प दीपशिखा वाला सुनहरा तन ही सूर्य है, पृथ्वी है, जल है, समीरन है, आकाश है। क्योंकि गुलाब की मूल गोलाई के पास धड़कने वाली जो छोटी-सी सृष्टि है उसमें राग-विराग सुख-दुख की सम्पूर्ण चेतना है, ये जो पनसुतिया की पत्तियाँ हैं ये वाणी है—परा, पश्यन्ती, मध्यमा वैखरी चारों वाणियाँ—

राज मेरे! फिर यह सवाल कहाँ रहता है कि जो भोगता है वह और है वह 'पृथक' है, 'सीमित' है, 'अहम-बद्ध' है और जो लिखता है वह और है—नहीं राज मेरे —टी. एस. इलियट ने नहीं जाना है यह स्तर—जहाँ दोनों एक-दूसरे से हारे हुए, विसर्जित, लीन हैं—एक हैं—बिल्कुल एक! जैसे कोबियाल + P.L.B.।

मंगलवार : 28 जुलाई, 59
शाम 7 बजे

यह पढ़कर कि 99.4 है, एक बार तो मन सिहर गया फिर सौ-सौ विश्वासों ने उभरकर कहा कि नहीं यह कुछ नहीं है केवल temporary strain है। नहीं मेरे जन्म-जन्मान्तर! तुम ज़रूर ठीक हो गये होगे। temperature में class लेने तो नहीं गये। देखो तुम्हें शपथ दिलाने की ज़रूरत नहीं होगी। तुम खुद जानते हो मेरी कलम के एक-एक शब्द में खिलनेवाला वह तन कितना पवित्र, कितना रमणीय, कितना मूल्यवान है, तुम खुद जानते हो कि मेरे प्राण, मेरी हर साँस उसी तन में बसती है, तुम खुद जानते हो कि वह तन मेरी जन्म-जन्म की नियति है—मेरे एक मात्र आसरे! मैं तुम्हें वह तन सौंपकर आया हूँ। इस बार अपना सब कुछ तुम्हारे आसरे छोड़ आया हूँ—अपना स्वर्णवर्णी तन भी—अतः जानता हूँ तुम उस पर आँच भी न आने दोगे।

●●

देखो अभी एक महीने कहीं भी जाओ—चाहे अपने घर से फोन करने भी जाना हो—तो रिक्शा करके जाओ। Livogene ले रहे हो न? वैद्यनाथ की किसी दुकान से लवणभास्कर चूर्ण ले आओ। सुबह कॉलेज जाते समय खाने के बाद खा लो पानी से। 2-3 बजे खूब भूख लगेगी तब खाना जो ले जाती हो खाओ और लौटकर मृत संजीवनी सुरा (साधना औषधालय) एक खुराक ले लिया करो। बस अगस्त कट जाय प्यार! सितम्बर में तो तुम मुझे इस बार बहुत दिन बाद किसी पहाड़ पर ले जाकर हिमालय की हिममंडित चोटियों का दर्शन कराओगी न! ले चलो बेनो माँ! मैं तरस गया हूँ उनके लिए। कौसानी या किसी अन्य डाकबंगले के दालान में आराम कुर्सियों पर बैठकर चुपचाप बिना एक शब्द बोले दूर हिमालय पर शाम के सिन्दूरी सूरज का थके पंखों धीरे-धीरे उतरना—और धीरे-धीरे उतरकर टिक जाना मेरे सिन्दूर बिन्दु का मेरे कन्धों पर...और हिमालय की विराटता की ठंडी हिम छाया में धीरे-धीरे अपने हृदय का विराट होते अनुभव करना—सुडौल हिमखंडों जैसे अपने गौर गुलाबों का हल्का तेज़ स्पन्दन अपनी बाँहों पर अनुभव करना—और अनुभव करना कि सृष्टि के आदि से करोड़ों वर्ष यह हिमालय धीरे-धीरे उठता रहा है एक-एक कण—आकाश की ओर—ताकि जन्म-जन्मान्तर बाद वह सूर्या के

राजन के प्रगाढ़ प्यार की अनन्त ऊँचाई का परिमाप बन सके—और पहाड़ों घिरी अँधेरी रात में चीड़ की महकती डालियों में हवा के अनन्त गिटारों का धीरे-धीरे झंकारना—प्यार मेरे—देखो थको मत! तुम एक काम करो—देखो बिना किसी संकोच के। अगर प्रतिभा छुट्टी पर गयी हैं तो तुम Mrs. Bowess से कह दो कि अभी कुछ दिन तुम्हें उसके lecture classes न दें। कह देना कि एकदम से strain पड़ने से फिर उन्हीं लोगों को असुविधा होगी। अभी वे किरण जैन, सुकीर्ति में lecture classes बाँट दें। अगर ज़रूरत हो तो सिन्हा जी से भी यह बात निस्संकोच कह सकती हो। वह जो Symposium सोच रही हो—वह भी अब नवम्बर में करने का कार्यक्रम रखो। इधर उसका भी strain बचा जाओ। कह देना कि पूजा की छुट्टियों में सभी बाहर रहेंगे—उसके पहले कलकत्ते का weather ठीक नहीं है और बाद में ही उस कार्यक्रम को रखिये।

(कल वह लिफ़ाफ़ा जिसमें 'कनुप्रिया' पर सम्मतियाँ, कान्ता का ख़त, मेरा एक लम्बा ख़त है। मेरे चपरासीराम ने भूल से रजिस्ट्री करा दिया—कॉलेज के पते पर। फिर कल ही तुझे एक इनलैंड घर के पते पर लिखा।)

उस रिसर्च के विषय से सम्बन्धित पुस्तक अभी महीने भर तक नहीं दूँगा तुझे। तब तक थोड़ी general किताबें उलट-पलट ले। C.E.M. Joad खत्म कर लो। फिर मेरे राज! मेरी इच्छा है कि प्रति दूसरे-तीसरे दिन तुझे खुद उस विषय के बारे में थोड़ा-थोड़ा लिखता रहूँगा। तेरा हर ग्रन्थ, तेरी हर पुस्तक, तेरा हर ज्ञान, तेरी हर तन्मयता—कौन है बता? जो भी हो—प्यार से उसे गोद में रख डूबी-डूबी उसी को पढ़। क्या है जो तेरा प्यार पाकर वह तुझे और सारी दुनिया को क्या नहीं दे सकता?

मैंने कल तुझे एक लम्बे (साहित्य कोश वाले) लिफ़ाफ़े में 'कनुप्रिया' पर आयी हुई नयी सम्मतियों की प्रतिलिपि भेजी है। आज सुबह माखनलालजी का लेख फिर पढ़ रहा था। राधन्! लगता है कनुप्रिया लिखने के बाद मैं एक बार नये ढंग से realise कर रहा हूँ कि जन्म-जन्मान्तर के प्यार के बाद इस जन्म जो तुमने जन्म-जन्म के अधूरे सपनों को अधूरा न छोड़ने की ठान ली है और दुष्टू! तुमने जो बेचारे छौनू की बाँसुरी चुराकार अपने गुलाबों में छिपा ली है उसे बदले में क़लम थमा दी है—तो एक बार नये ढंग से realise कर रहा हूँ कि तेरे इस प्यार की तेरी सौंपी हुई इस थाती की कितनी बड़ी जिम्मेवारी है मेरी! इस बार पिछले हफ़्ते भर से जो मैं पढ़-लिख रहा हूँ उसमें पहले जैसा मात्र टालने की भावना नहीं है—जल्दबाज़ी भी नहीं—एक अजीब thoroughness ठहराव, स्थिरता—जो लिखा गया है उसके meaning के एक-एक सूक्ष्म shade को गहराई से ग्रहण करना और जो एक भी वाक्य लिखूँ उसके हर पहलू, और हर अर्थ स्तर को पूर्णतः समझना;

और जानती है यह thoroughness यह ठहराव, यह जिम्मेवारी की भावना थकान या आतंक नहीं देती—यह अमित उल्लास भर रही है। अमित तन्मयता—बेहद खुशी—जैसे मेरी वधू, मेरी गृहस्वामिनी, मेरी भाग्य की निष्कंटक साम्राज्ञी का अभिमान ही इस बात पर टिका है कि मैं अपनी जिम्मेवारी और अपनी नियति का पूर्ण प्रसार समझूँ।

●●

पर हाय मेरी केलि सखी, तू बड़ी जबर्दस्त अनुशासिका है। बाबा रे तेरा तानाशाही शासन! "ओ मेरे कोबियाल! यह ठहराव, स्थिरता, यह गहराई, यह तीखी चोर तुम्हारे शब्दों में बाद में आएगी पहले यह तुम्हारी डुबान में आएगी। पहले केष्टोनगर की सरस्वती के वाहन हंस में आएगी। पहले यह सब तुम मानसरोवर के उत्ताल ज्वारों में डूबकर realise करोगे तब तुम अपनी कला में realise करोगे। तुम्हारी नियति, तुम्हारी गति, तुम्हारा चरम साफल्य है—तुम्हारा यह रजनीगंधा के सुगन्ध से निर्मित तन! तुम्हारी कला का आधार है यह निष्काम निरावृत दीपशिखा! जो तुम हंस के पंखों से इस पर लिखोगे वही तुम्हारी कलम पर उतरेगा तुम्हारी दृष्टि में बसेगा। उसके बिना कुछ नहीं—कुछ नहीं मेरे कोबियाल।...शब्द...शब्द...शब्द राधा के बिना सब अर्थहीन रक्त के प्यासे शब्द..."

ऐसा शासन! ऐसी जकड़न! ऐसा घिराव चारों ओर से! क्यों प्यार कितने जन्मों से इसका अभ्यास करती आ रही हो। मशहूर यह करा रखा था कि तुम कभी द्वारिका नहीं गयी, तुम बेचारी भोली-भाली गाँव गँवई की छोरी तुम क्या जानो शासन करना, पर यह सब कब कहाँ सीखा?

बेचारा टी. एस. इलियट! मैं उसे कहाँ से बताऊँ कैसे उस तक यह बात पहुँचाऊँ कि बड़े भाई! तुम्हारे इस अनुज कवि का अनुभव बिल्कुल दूसरा है। उसने तो यह जाना है कि किसी एक स्तर पर वह जो जीता है वही एक-एक कण, एक-एक रेखा, एक-एक शब्द उसकी कला बन रहा है क्योंकि उसके जीवन के एक-एक सूत्र को कसकर नियन्त्रित करने वाली एक अत्यन्त कठोर (और अत्यन्त सुकुवाँर) सखी है उसकी। जो अपनी रजनीगन्धा बाँहों के आश्लेष में उसे जन्म-जन्म के लिए जकड़े है। यदि उसमें डूबने में कोबियाल अस्थिर और चंचल और अनिश्चित हैं तो उनकी कला में भी वही बात है—और जिस दिन उनकी डुबान में मानस उन्हें स्थिरता और गहनता प्रदान कर देता है उस दिन से उनके कला-चिन्तन में भी वही तत्त्व आ जाता है। हाय! कोई भला जाने तो इस पर विश्वास करे?

और भला देखो तो! अभी जो कल तुम्हें लम्बा पत्र भेजा है, जो रविवार की शाम और रात को तुम्हारा express पाकर लिखा था— (इसी T.S. Eliot की बात पर) उसमें मैंने तुम्हें लिखा है कि लिखते-लिखते 9-10 बजे के आसपास मुझे

अकस्मात इतनी गहरी नींद आ गयी कि मैं कह नहीं सकता—और राज मेरे उसके पहले न थकान थी, न नींद, पर अकस्मात जैसे hypnotism से किसी ने मेरी चेतना खींच ली ओर मैं सच कहता हूँ उसी चरम ममता से दाहिनी बाँह में तकिया दबाकर अकस्मात सो गया—घंटे भर बाद नींद खुली। वही इतवार की रात थी, शायद वही समय जब तुम्हें temperature -सा था और मेरा शनिवार वाला express पढ़ते-पढ़ते तुम डूबकर सो गयी थी छोटे मधुर दाखों को चूसते हुए, दाहिनी चन्दन बाँह पर सर रखकर...हाय किसी को बताऊँ इन दिशा और काल की दूरी को चीरकर हमारे प्यार के इन संवेदनों की बात—तो क्या कोई महसूस करेगा—कोई विश्वास करेगा—

हाय मेरे सपन कितना अच्छा लगता है यह जानकर कि यह सारी सृष्टि—यह दिशाएँ, यह काल, यह दूरियाँ, यह रास्ते, यह आकाश—ये नदियाँ—यह सब मात्र इसलिए बने हैं कि हम इनमें निरन्तर अपने प्यार की तन्मयता को realise करते चलें। हाय कितना सार्थक लगता है अपना सब कुछ—यह जानकर कि यह समस्त सृष्टि हमारे प्यार के संकल्प, हमारे प्यार की इच्छा का परिणाम है और उस संकल्प और इच्छा का एक मात्र अर्थ है—तुम—मेरे सपन मात्र तुम!

पर मेरे प्यार! मात्र इतने से सन्तोष नहीं है। इस बार फिर तुम्हें अपनी गोद से टिकाकर तुम्हारी घुँघराली रूखी वेणियाँ अपनी बाँहों पर बिखराकर एक नयी सृष्टि रचूँगा—शब्द-सृष्टि—विराट, विशाल—जिसमें इस सृष्टि, इस भौतिक सृष्टि से भी ज़्यादा अंशों में तुम्हें उतारूँगा—उसका एक-एक सूत्र तुम्हें बोलेगा। उसकी एक-एक ऋचा तुम्हें गाएगी। उसका एक-एक मन्त्र तुम्हें उच्चारेगा, उसका एक-एक वाक्य तुम्हें गढ़ेगा, उसका एक-एक सर्ग तुम्हें खोलेगा।

तुमसे एक दिन पूछा था बोलो कौन-सा सूर्य इस माथे पर प्रतिष्ठित कर दूँ। वह काम हो गया। वह ज्वाजल्यमान सूर्य वह अनन्त दृष्टि, अनन्त ज्योति, अनन्त किरणों वाला अब तुम्हारी माँग की शोभा है, तुम्हारे माथे का तेज—अब पूछना चाहता हूँ बोलो तुम्हारे माथे पर सूर्य नहीं—अब कितने सूर्यों के माथे पर, कितने देवताओं के भाल पर, कितनी पृथ्वियों के आँचल पर, कितने इतिहासों के प्रवाह पर कितने हिमालयों की उठान पर तुम्हें अंकित कर दूँ। तुम्हें छाप दूँ, तुम्हें लिख दूँ—बोलो मेरे सपन—मेरे अनन्त realisation, मेरे अनोखे स्वप्न बोलो न! अब तो अपनी हंसू-लेखनी के ठहराव पर, शक्ति पर विश्वास आ गया न—बोलो-बोलो—

31 जुलाई, '59

Baby, have you ever read anything about the Science of psycho-analysis as it developed in the 20th century, specially by Freud, Jung and Adler? जानती है यह क्यों पूछ रहा हूँ? इसलिए बुगलिया कि जो विषय तू character types का लेने जा रही है वह वस्तुत: इसी विज्ञान की एक शाखा है,विशेषतया Jung की विचारधारा की। (मैंने तुझे एक किसी inland में लिखा भी था कि मैं जुंग की किताब (अभी उधार ही पर) ले आया हूँ! ) आज तेरे सुहाग का, तेरे Lord का Lucky day है न—तो आज तुझे उनके बारे में कुछ बताना शुरू करूँ ताकि तुझे कल शनिवार को यथासम्भव मिल ही जाय।

शायद psychoanalysisऔर conscious, subconscius और unconscious minds के बारे में तो तू अपने education विषय में कुछ पढ़ चुकी हो—लेकिन Type theory को समझने के लिए—विशेष रूप से साहित्य में तुझे फ्रायड और जुंग के attitudes का मौलिक अन्तर समझ लेना चाहिए। तुझे ये तो मालूम होगा कि ये दोनों डॉक्टर थे और मूलत: मानसिक व्याधियों का इलाज ये किया करते थे। 19वीं शती में फ्रांस और जर्मनी में मेस्मरिज़्म और हिप्नाटिज़्म की विद्याएँ विकसित हुई थीं जिनका उपयोग तब तक खेल-तमाशा दिखाने में ही होता था, लेकिन उनके चमत्कारों से इतना आभास होने लगा था कि मनुष्य का मन जितना बाहरी चेतन व्यवहारों में प्रकट होता है केवल उतना ही नहीं है, बहुत कुछ ऐसा भी है जो सामान्यत: अप्रकट रहता है न केवल दूसरों को वरन अक्सर अपने को भी। फ्रायड ने कुछ हिस्टीरिया के रोगियों का मनोविश्लेषण कर अवचेतन मन की खोज की, उसकी विभिन्न दमित प्रवृत्तियों आदि का पता लगाया...और उससे मनोविज्ञान के क्षेत्र में एक वास्तविक क्रान्ति आ गयी—सारे यूरोपीय चिकित्सा विज्ञान पर उसका प्रभाव पड़ा, साहित्य पर पड़ा, नैतिक धारणाओं पर पड़ा—वह सब तुम पढ़ चुकी होगी और अगर उसको फिर से ताज़ा करना चाहो तो C.E.M. Joad की पुस्तक का मनोविज्ञान वाला अध्याय फिर से पढ़ डालो—(आजकल पढ़ रही हो न उसे?)

चिकित्सा विज्ञान में दो प्रकार की मनोवृत्ति के लोग होते हैं। एक तो वे जो जब किसी रोगी की चिकित्सा हाथ में लेते हैं—तो रोग का पूरा निदान करने के पूर्व

ही चाहते हैं कि रोगी को अच्छा कर दें। इसी अभिप्राय से वे रोग की जाँच-पड़ताल करते हैं। दूसरे वे होते हैं जो रोग का विश्लेषण करते-करते जब किसी विशिष्ट वैज्ञानिक रहस्य की सीमा पर पहुँचते हैं तो उसी के विश्लेषण में तल्लीन हो जाते हैं, और गहरे और गहरे उतरते जाते हैं और रोग और उसकी प्रक्रिया का अध्ययन ही उनका प्रमुख लक्ष्य बन जाता है—और अपने निष्कर्षों को वैज्ञानिक ढंग से प्रस्तुत कर वे अपना कार्य पूरा समझ लेते हैं—रोगी अच्छा हुआ या नहीं—या रोगी को अच्छा होना है—उसका क्या तरीक़ा हो—यह उनके ध्यान से ही उतर जाता है।...फ्रायड दूसरे प्रकार का था—जुंग पहले प्रकार का। फ्रायड जब वियेना में अपने प्रयोग और परीक्षण कर रहा था तब जुंग ज़्यूरिच में लगभग उन्हीं निष्कर्षों पर अपने अनुभव से पहुँच रहा था। जब उसने फ्रायड के अनुभव सुने तो उसने उनसे बहुत कुछ प्रभाव ग्रहण किया। कुछ दिन दोनों की पद्धति एक रही लेकिन धीरे-धीरे जुंग फ्रायड के तटस्थ वैज्ञानिक दृष्टिकोण को यथेष्ट न समझकर आगे के साधनों की खोज करने लगा और धीरे-धीरे उसने मानव मन के बारे में कुछ ऐसे तथ्यों की खोज की जो मनुष्य के आत्म-विश्लेषण और व्यक्तित्व निर्माण की दृष्टि से बहुत महत्त्वपूर्ण हैं। फ्रायड के सिद्धान्त पढ़ने के बाद हमारे सामने मनुष्य की बड़ी निराशाजनक तस्वीर आती है। अपने सचेतन मन के स्तर पर हम अपने को स्वतन्त्र, आत्मनिर्भर, बौद्धिक प्राणी समझते हैं—लेकिन फ्रायड के सिद्धान्त के अनुसार हम वस्तुतः अपने अवचेतन के हाथ में खिलौने मात्र हैं—एक यन्त्र जिसके कलपुर्ज़े सब अवचेतन मन में हैं—कोई अन्धी instinct, कोई दमित पाशव प्रवृत्ति, कोई कुंठित आवेश जो हमारे अवचेतन मन में जाकर छुप गया है वही वहाँ बैठकर सारे कलपुर्ज़े घुमाता है और हम मशीन की तरह उसी के इशारे पर चलने लगते हैं। हमारा तर्क, हमारी बुद्धि भी वस्तुतः उसी के अनुसार तर्क करने लगती है!

मनुष्य का यह चित्र बहुत निराशाजनक था। (तुझे यदि याद हो, बल्कि अब तो वह लेख विष्णुकान्त ने तुझे लौटा दिया है—तो उसमें मैंने फ्रायड के मनोविश्लेषण की इसी दृष्टि से कठोर आलोचना की थी कि वह मनुष्य की मनुष्यता पर विश्वास नहीं करता—उसके स्वतन्त्र चिन्तन को अस्वीकारता है) जुंग ने भी फ्रायड के इस निराशाजनक दृष्टिकोण को न केवल अस्वीकार वरन अपने रोगियों का गहरा मनोविश्लेषण कर उसने यह सिद्ध किया कि मनुष्य के मन में सृजनात्मक तत्त्व होता है, निर्माणात्मक तत्त्व—जो इन बिखरावों, विभाजनों, अन्ध आवेशों, दमित अवचेतन प्रतिक्रियाओं के बीच में से निरन्तर आत्म निर्माण करता रहता है। इसीलिए उसने अपने मनोवैज्ञानिक खोजों का लक्ष्य केवल यह नहीं माना कि यन्त्र की तरह मनुष्य के अन्तर्मन के पुर्ज़े-पुर्ज़े अलग करके रख दिये जायें—बल्कि उसने यह भी कहा कि इस विज्ञान का लक्ष्य है कि मनुष्य के उन तत्त्वों की भी खोज की जाय जो उसके

व्यक्तित्व को गठते हैं, एकत्र करते हैं, और ऊँचे उद्देश्यों की ओर प्रेरित करते हैं। उसने माना कि मनुष्य के मन में एक integrating और creative तत्त्व होता है और वह सबसे महत्त्वपूर्ण होता है। उसने यह कहा कि यह तत्त्व हमारे सभी चेतन-अवचेतन को आनुपातिक रूप से नियंत्रित करता हुआ हमारे व्यक्तित्व को ऊँचा उठाता है, हमें चरित्र बल प्रदान करता है। उसने कहा कि चरित्र वस्तुतः हमारे चेतन-अचेतन उन attitudes का पुंज है जो संसार की समस्याओं के समक्ष हमारा व्यक्तित्व ग्रहण करता है। और इस चरित्र-निर्माण में हमारे व्यक्तित्व का creative और intedugrative तत्त्व प्रमुख रूप से सक्रिय हुआ करता है।

उसके यहाँ जो रोगी आते थे वे अक्सर मानसिक रूप से श्लथ, भ्रान्त, थके हुए, निराश, अव्यक्त भयों से प्रेरित, कुंठित, जीवन से विरक्त हुआ करते थे। फ्रायड क्या करता था कि उनकी बातें, उनके स्वप्न आदि का विश्लेषण कर, यह बता दिया करता था कि सम्भवतः अमुक प्रवृत्ति, या अमुक दमित इच्छा, या अमुक कुंठित आवेश इस मनोविकार का कारण है। और बस! इसके आगे फ्रायड निर्लिप्त रहता था। कैसे उसका सन्तुलन वापस आये इसके लिए फ्रायड के पास कोई मार्ग नहीं था।

जुंग ने यह कहा कि यह पद्धति संकीर्ण और एकांगी है। इसके दो कारण हैं, एक तो यह मनुष्य के सामने किसी निर्माणात्मक शक्ति का स्वरूप नहीं रखती। दूसरे वह रोग का निदान करके छोड़ देती है, उसका कोई इलाज नहीं बताती।

जुंग ने यह कहा कि रोग का कारण यह नहीं है कि मनुष्य के अवचेतन में अमुक-अमुक प्रवृत्तियाँ हैं। क्योंकि कोई-न-कोई प्रवृत्ति तो वहाँ रहनी स्वाभाविक ही है। रोग का कारण यह है कि उन समस्त प्रवृत्तियों में से जीवन को विकास देनेवाली मनुष्य के मन की जो सन्तुलनकारी निर्माणात्मक शक्ति है वह किसी कारण से शिथिल पड़ गयी है इसलिए वह मनोविश्लेषण की एक नयी पद्धति अपनाने लगा जिसे reconstructive method कहते हैं। वह मन का विश्लेषण कर रोगी के मनोविकार खोजने के साथ-साथ उन तत्त्वों को प्रोत्साहन देता था या उन्हें नये रूप में प्रतिष्ठित करता था जो उसे जीवन जीने और उसके समक्ष तनकर खड़ा होने और अपने श्रेष्ठतम का विकास करने के लिए तैयार करते रहे हैं और आगे कर सकते हैं।

फ्रायड ने कहा था कि मनोविकारों का ज्ञान यदि मनुष्य को हो जाए—जो उसके अवेचतन मन में बैठकर उथलपुथल मचा रहा है वह तत्त्व यदि सामने चेतन मन में उभरकर सामने आ जाय तो उसकी विकृत करनेवाली शक्ति समाप्त हो जाती है। यह बहुत अंशों तक बिल्कुल ठीक बात है। इसने बहुत लाभ भी उस समय पहुँचाया। लेकिन जुंग ने जब यह पद्धति प्रयुक्त की तो एक बात देखी। उसने यह

पाया कि अक्सर ऐसे विकृत व्यक्ति भ्रान्त, कुंठित होते हैं—उनमें जीवन के प्रति धारणाएँ गलत और आत्म-विनाश की ओर ले जानेवाली होती हैं लेकिन जब उनका विश्लेषण कर दिया जाय, उनके अवचेतन मन की गाँठों को खोलकर उन्हें उसके प्रति सचेत कर दिया जाय तो उनकी भ्रान्ति और उनका उद्देश्य समाप्त हो जाता है—वे शान्त पड़ जाते हैं। लेकिन जुंग ने एक बात और लक्षित की। उसने यह देखा कि वे अपने पुराने विकार से मुक्त हो जाते हैं लेकिन उनमें आगे के जीवन जीने के लिए भी न कोई उत्साह रह जाता है, न कोई सक्रियता—जुंग ने कहा कि यह इलाज तो कोई इलाज नहीं हुआ—उसका कारण उसने यह बताया कि फ्रायडियन पद्धति मनुष्य के जीने के अर्थ और अभिप्राय को नहीं उभार पाती। न केवल यह कि नहीं उभारती है, वरन उसे और भी कुंठित और आहत कर डालती है।

जुंग ने इसके तीन कारण बताये—

पहला तो यह (जो वह पहले कह चुका है) कि फ्रायड की पद्धति मनुष्य के आत्म निर्माणात्मक तत्त्व को न समझती है, न उसे महत्त्व देती है, और न उसका सम्यक अध्ययन करती है। वस्तुतः फ्र ायड मनुष्य के विश्लेषण में वह पद्धति अपनाता है जो यन्त्रों पर लागू होती है। पर मनुष्य यन्त्र नहीं है। उसका अन्तर्मन महान तत्त्वों से समृद्ध और सशक्त है उन शक्तियों को जाग्रत करने की चेष्टा मनुष्य अपने चरित्र बल से स्वयं करता रहा है और जब वह शिथिल पड़ा है तो गुरु, आध्यात्मिक आचार्य, प्रियजन, दर्शन, सांस्कृतिक मूल्यों के प्रति भक्ति ने बराबर उसके इस चरित्र बल को उभारा है।

दूसरे यह कि फ्रायड प्रत्येक व्यक्ति को समस्त मानवता से बिल्कुल विच्छिन्न, मात्र अन्ध अवचेतन आवेशों द्वारा संचालित एक अन्धी मशीन मानता है। जुंग यह कहता है कि सृष्टि के आदि में भी मनुष्य समस्त सृष्टि का एक अंश रहा है। समस्त मानवता, समस्त काल-प्रवाह, समस्त प्रकृति, समस्त जगत से वह जुड़ा रहा है, उसी का एक अनिवार्य अंग रहा है। अतः जिन नियमों ने समस्त सृष्टि को संचालित किया है—मनुष्य का अन्तर्मन भी उन्हीं नियमों और तत्त्वों से संचालित होता है। फ्रायड ने मनुष्य को संचालित करने वाली मूल वृत्ति को बहुत विकृत यान्त्रिक और संकीर्ण बनाकर रखा है। फ्रायड मनुष्य की मूल वृत्ति Sex मानता है। जुंग उसे Libido कहता है। Libido की व्याख्या करते हुए जुंग कहता है : "This concept is synonymous with Psychic energy (आत्मशक्ति?) Psychic energy is the intensity of psychological process—Its psychological value. उसने यह भी माना कि यह Libido एक सृष्टिव्यापी शक्ति है—Cosmic रूप भी है इसका। सारी सृष्टि प्रक्रिया की सार्थकता, उसका मूल्य, और हमारे अन्तर्मन में घटित होनेवाली सारी मानसिक प्रक्रियाओं की अर्थवत्ता और उसकी मूल्यात्मकता—यही

लिबिडो है। sex उसके रस का एक भौतिक पक्ष मात्र है पर अपने cosmic रूप में वह sex नहीं है वह समस्त सृष्टि में अपने एकात्म को खोजने की प्रक्रिया है। (राजे! अपने जयशंकर प्रसाद की कामायनी की 'काम' की कल्पना कितनी निकट है जुंग के—और देखो तो, न प्रसाद जुंग को जानते थे, न जुंग प्रसाद को!)

तीसरी बात जो जुंग ने बताई वह बहुत महत्त्वपूर्ण है। वह है collective unconscious की बात। जुंग ने यह कहा कि मनुष्य जैसे सारी सृष्टि से विच्छिन्न नहीं है वैसे ही अभी तक इस सृष्टि पर करोड़ों वर्षों से जो जीवन जिया गया है, मनुष्य ने जो जीवन के रहस्य जाने हैं—वह सब खो नहीं गये। हम सबों में संस्कार रूप में सामूहिक अचेतन के रूप में वे सब कहीं-न-कहीं गहरे दबे हुए हैं, संचित हैं। अतः न केवल इस जन्म में वरन पिछले समस्त जन्म-जन्मान्तरों में हम जो जीते आये हैं, जीवन के श्रेष्ठतम के अधिक-से-अधिक चरितार्थ करने की जो साधनाएँ करते आये हैं, निखिल सृष्टि से अपना एकात्म स्थापित करने की जो चेष्टाएँ करते आये हैं, उनमें जो हमें मीठी और कटु अनुभूतियाँ हुई हैं, जो साधन, जो पद्धतियाँ, जो मार्ग हमने खोले थे वे सब विनष्ट नहीं हुए हैं—ठीक जैसे इस जन्म की बहुत-सी घटनाएँ जो हम सचेतन स्तर पर भूल जाते हैं, वे अचेतन स्तर पर हमारे अवचेतन मन में संचित रहती हैं—वैसे ही आज तक मनुष्य के मानसिक स्तर पर जो महान संस्कृतियाँ विकसित हुई हैं उनकी श्रेष्ठतम उपलब्धियाँ मनुष्य मात्र के मन में कहीं गहरे अवश्य संचित हैं। यह किसी एक व्यक्ति के अवचेतन में नहीं वरन सबके अवचेतन में हैं। इसी को जुंग ने collective unconscious कहा है। जुंग ने यह भी कहा है कि मनुष्य का आत्मबल अक्सर अपने जीवन की विभिन्न समस्याओं का समाधान जब इस जन्म के चेतन अवचेतन से नहीं खोज पाता है तो वह अपनी जन्म-जन्मान्तरों की (मनुष्य मात्र का) इस संचित अवचेतन उपलब्धि से तत्त्व खोजता है और उनसे सार्थकता और जीवन का मूल्य पहचानता है। (जन्म-जन्मान्तर से कनु को प्यार करनेवाली राधन् को तभी न उस दिन अपने नीले कमरे में अकस्मात् याद आ गया था—"तुम मेरा नाम नहीं जानते। बोलो, मैं कौन हूँ? मैं हूँ तुम्हारी शक्ति, तुम्हारी राधा!")।

सच राजे! जुंग की यह खोज शताब्दी की बहुत महत्त्वपूर्ण खोज मानी जाती है। उसने अपने चिकित्सालय में जब व्यक्तियों के मन का विश्लेषण किया, उनकी कल्पनाएँ उनके स्वप्नों का अध्ययन किया तो एक बड़ी विचित्र बात पायी। कुछ अमेरिकन व्यक्तियों के स्वप्नों में कुछ geometrical patterns आते थे। वर्षों बाद जुंग ने जब अध्ययन किया तो यह देखा कि ये pattern हज़ारों वर्ष पूर्व संस्कृत के तान्त्रिक ग्रन्थों में मंडल के रूप में बने हुए मिलते हैं। इसी प्रकार मज़दूर, क्लर्क, सर्वथा अशिक्षित लोगों के dreams में ऐसे प्रतीक आते थे जो मध्यकाल के चीनी,

जापानी, भारतीय, अरबी, यहूदी, इजिप्शियन, ग्रीक आध्यात्मिक सिद्धान्तों में मान्य रहे हैं। जैसे मछली का प्रतीक अपने यहाँ उस व्यक्ति के लिए प्रयुक्त हुआ है जो आत्म-रस में डूबकर शक्ति प्राप्त करता है जैसे मछली जल में डूबकर जल पीती है। या हमारे यहाँ मणि पद्म, कमल कुलिश, शिवलिंग, बाँसुरी, कमली, गाय, कच्छप (योग की अन्तर्मुखी कच्छप वृत्ति) आदि के पुराने योगपरक, तान्त्रिक या भक्तिपरक प्रतीक हैं—वे सब अक्सर ऐसे लोगों के स्वप्नों और दिवास्वप्नों में आते हैं जो कभी इस जन्म में इनसे परिचित हो ही नहीं सकते। इन Symbols को जुंग mythical symbols कहते हैं और वे यह कहते हैं कि अक्सर जब हमें आवश्यकता होती है तो हमारे जन्म-जन्मान्तर के संचित सामूहिक अवचेतन में से ये Symbols ये प्रतीक उभरकर हमें सार्थकता, जीने का अर्थ, आत्मबल प्रदान करते हैं।

फ्रायड इनके इस महत्त्व से बिल्कुल परिचित नहीं था।

यहाँ तक जुंग की विचारधारा भली-भाँति समझ गयी न प्यार! क्योंकि जब जुंग Character types discuss करता है तो वह केवल मनुष्यों का मनोवैज्ञानिक वर्गीकरण मात्र नहीं करता, वह यह भी संकेत करता है जीवन की सारी समस्याओं के समक्ष मनुष्य की सारी चेतन अवचेतन शक्तियाँ और आत्मबल कितने प्रकार के सम्पुंजनों में प्रस्तुत होता है। How many attitudes can be towards life? और वह यह भी मानता है कि उतने प्रकार के चरित्र, उतने प्रकार के attitude हर संस्कृति में, हर युग में, हर देश में अनादि काल से होते आये हैं और हर युग की आवश्यकता के अनुसार उन्हीं के स्वरूप का विस्तार होता चला गया है। वेद में, पुराण में, इतिहास में, जन-गाथाओं में, अनुश्रुतियों में, साहित्य में (कथा, काव्य, नाटक में) बराबर वैसे चरित्र प्रकार (character types) रहे हैं और उनका निरन्तर विकास होता गया है वे निरंतर जटिल से जटिलतर और सूक्ष्म से सूक्ष्मतम होते गये। इसीलिए जब हम काव्य में, नाटक में, कथा में किसी पात्र का अध्ययन करते हैं तो उसके व्यक्तिगत मनोविज्ञान को सबसे विच्छिन्न करके नहीं वरन उसके typical pattern के अन्तर्गत अध्ययन करते हैं—इस व्यक्ति में जीवन के प्रति कौन-सा अनादि काल से चला आनेवाला character type अपने को चरितार्थ कर रहा है—कौन-सा अनादि प्रवाह अपने को व्यक्त कर रहा है और साथ-ही-साथ यह भी कि उसे अपनाते हुए भी इसका निजत्व, इसकी मौलिकता, इसका नितान्त अपनापन इसमें कहाँ है?

शेक्सपीयर का हैमलेट जो सारी स्थिति को देखकर एकदम प्रश्न पूछने लगता है—to be or not to be is the question? अगर खोजा जाए तो वही हैमलेट उपनिषदों में नचिकेता रूप में विद्यमान है जो यम के हाथ सौंप दिये जाने पर भी मृत्यु को स्वीकार करने के पूर्व प्रश्न पूछता है। हर पात्र का type विकसित होता आ

रहा है और सारे पात्र कुछ arche typeal classes में विभाजित किये जा सकते हैं और उनके नये-पुराने mythical और psychical सन्दर्भों का विश्लेषण किया जा सकता है। उनमें जो collective unconscious का है और जो वर्तमान का है—वह सब।

इतना जान लेने के बाद अब जुंग ने जितने प्रकार के character types बताये हैं उनका वर्गीकरण तुम्हें बताएँगे...

लेकिन आज अब बस—इतना ख़ूब अच्छी तरह पढ़ लो एक बार, दो बार, तीन बार—मैं जानता हूँ राज! कि तुम्हें समझने में कोई कठिनाई नहीं हो सकती। कितने प्रकार से तो तुम्हें अपने पास बैठाकर समझाया है—ठीक उसी चित्र की तरह इन हठीली रूखी घुँघराली वेणियों को अपनी बाँहों पर छितराकर गुलाबों का दबाव अपनी कोहनियों पर प्रतिक्षण महसूस करते हुए—

शब्द शब्द शब्द
मेरे लिए सब अर्थहीन हैं
यदि वे मेरे पास बैठकर
मेरे रूखे कुन्तलों में उँगलियाँ उलझाये हुए
तुम्हारे काँपते अधरों से नहीं निकलते
.........
क्योंकि तुम्हारे द्वारा समझाया जाना
मुझे बहुत अच्छा लगता है
और सेनाएँ स्तब्ध खड़ी हैं
और इतिहास स्थगित हो गया है
और तुम मुझे समझा रहे हो...

आओ अब कसकर प्रत्यंचाओं को दुलार लो, दुलार लो अपने समस्त कनुतन को।

आओ अब अपनी प्यारी-प्यारी घरेलू बातें करें। बोलो तुम और क्या-क्या करती रहीं? तुम्हारा आज सुबह (यानी शुक्रवार 31 को सुबह) 28 की शाम का लिखा inland मिला था। उसके पहले सुबह एक लिफ़ाफ़ा छोड़ चुके थे जिसमें मैंने तुम्हारी Radio talk की typed copy भेजी है, कान्ता का ख़त है, और उसी typed copy में मैंने तुम्हें instructions लिख दिए हैं कि इसमें कहाँ-कहाँ पर कौन-कौन से प्रसंग जोड़ने हैं। हाँ राज! तुमने तो उस समय यह कहा था कि Rilke Benvenuta वाली किताब उधर सुशील के कमरे में है। फिर यह हुआ कि तुम ख़ुद उसमें से

छाँट लेना। तुम उसे मेरे सामने तो नीचे लायी भी नहीं थीं। न मिले तो चिन्तित मत होना। The Books से दूसरी प्रति लेकर भेज देंगे। बाद में यह मिल भी गयी तो एक छौनू जी को दे देना। अब इस इतवार को तो यह पत्र दो एक बार पढ़कर इसे अच्छी तरह समझ लेना और जो Talk आज सुबह भेजी है उसे ठीक कर लेना। पूरी कर डालना—बाद में आराम करके चेख़व वाली कथा का सारांश 'ज्ञानोदय' के लिए लिख देना।

उम्मीद है तुझे अब तक सोमवार को डाला रजिस्ट्री ख़त, कॉलेज के पते पर मंगल को सुबह छोड़ा inland (घर के पते पर) शाम का छोड़ा लिफ़ाफ़ा (घर के पते पर), बुध को छोड़ा (under Posting certificate) लिफ़ाफ़ा, कल वृहस्पति को छोड़ा लिफाफ़ा (जिसमें इधर मैंने क्या-क्या पढ़ा इसका पूरा विवरण है) और आज शुक्रवार को सुबह छोड़ा तेरी Talk वाला लिफाफ़ा (घर के पते पर) इतना सब मिल चुका होगा। 28 की दोपहर (जैसा तेरे inland से पता लगा) तुझे पत्र नहीं मिले थे।

तारा बाबू का 'रायकमल' (हिन्दी अनुवाद) कलकत्ता, जनवाणी प्रकाशन से निकला है। उसे ख़रीद लो। छोटी-सी प्यारी पुस्तक है। अच्छी लगेगी। मोहन राकेश की कहानी कला की सीमाएँ ज़रूर हैं—जैसा तूने लिखा— "depth नहीं है, जीवन का संकीर्ण दृष्टिकोण है, कटु यथार्थ निराशापूर्ण"—पर forceful है—उसका force उसकी शैली की maturity वाला तत्त्व लेने की कोशिश करो मेरे सपन!

अच्छा...गुलाबों की एक भरपूर उमेठन—अब भागते हैं कालका मेल catch करने...

हाँ, इस ख़त को पाते ही चाहे postcard से—तुरन्त सूचित करना ताकि इसकी अगली किश्त तुम्हें तुरन्त भेज सकूँ—

शुक्रवार : 7 अगस्त, प्रातःकाल 4 बजे

सपन, देखो तो भला, कल शाम घर आये, खाना खाया, सोचा थोड़ा पढ़ूँ, फिर तुम्हें जुंग के character types के बारे में लिखें, मगर जो लेटे तो इतनी गहरी नींद आँखों में छायी कि किताब खोली थी, उसके पन्नों के बीच में उँगली फँसाये ही सो गये। और देखो कि नींद खुली तो ठीक 3.30 बजे जब इधर से वे दोनों साधु मजीरा बजाते और गाते हुए निकले। सच, आज यह गुलाबों में आश्वस्त सोये हुए छौनू की नींद नहीं थी, यह तृप्त हुए शिथिल हुए राजन की भी नींद नहीं थी, यह नींद थी Lord की, master की, all in all की—यह जानकर कि उसका सर्वस्व उसकी बाँहों के घेरे में सुरक्षित है, उसके चरम अपने, उसके मानस, उसके स्वर्णवर्णी झरने सब उसके अपने हैं—यह अजीब से सन्तोष की, सुख की गहराई हुई नींद थी। और नींद थी—अपनी वधू को पुस्तकों के पृष्ठ-पृष्ठ में पीकर, जीकर, पढ़कर, जानकर, पाकर, लेकर, परिपूर्ण हुए स्वामी की निश्चिन्तता की नींद।

उनके झाँझ-मंजीरा और गाने से नींद खुली, छत पर गये! हाय! पूरब का आकाश बिल्कुल जादू खेला का आकाश था। पानी परसों से खुल गया है। लाइनों के पार, जाने कितनी दूर क्षितिज के पास, गहरे धूमिल पेड़ों की पाँत के ऊपर नीले बादलों की लम्बी-लम्बी अछोर धारियाँ थीं। बाबा रे! इतनी लम्बी, इतनी गहरी नीली रंगधारियाँ इस सूर्या ने डाल रक्खी हैं बेचारे की बाँहों पर। और लगता है फिर अपनी ही करतूत देखकर पुलककर, लजाकर मुँह भी छिपा लिया है उन बाँहों में क्योंकि ढेर-का-ढेर सूरज-सिन्दूर बाँहों की उन धारियों के बीच बिखरा हुआ था—इस छोर से उस छोर तक। और काँप रहे थे पीपल पात और अजब-सी ठंडक थी हवा में और इतनी delicate, इतनी पवित्र, इतनी सुकुमार थी यह बेला जैसे राजन की प्रणामबद्ध अंजलियों के बीच सूर्या की अंजुलियाँ—पुरी के मन्दिर में, जगन्नाथजी की मूर्ति के समक्ष...ओ मेरे प्रणय, मेरी उपलब्धि, मेरी पूजा, मेरे तन-मन, मेरी सार्थकता—मेरे प्रणाम लो—मेरे परम गहराये स्वामी—मन के प्रणाम लो!

दोपहर 1 बजे : लो, ऊपर का piece लिखकर नीचे गये, चाय पी, लान पर टहले कि बंगला पढ़ाने वाले मास्टर साहब आ गये। आये, पढ़-लिखकर नहाया-

धोया कि 9 बज गये। ज़ीरो पीरियड होता है। भागे गये। लौटकर आये 12 बजे। तुम्हारा बेहद गुस्सा भरा झुँझलाहट भरा पत्र मिला, बुधवार प्रात:काल 6 बजे का लिखा हुआ। सारी थकावट दूर होकर दिमाग़ बिल्कुल तरोताज़ा हो गया। दस विमटो एक ओर और तुम्हारे ख़त की चार लाइनें एक ओर! मज़ा आ गया। कुछ बच्चों को मैंने देखा है कि जब बहुत डाँट पड़ती है तो चुपचाप खाना खाने बैठ जाते हैं। सो, अपन चुपचाप मारे डर के खाना खाने बैठ गये। अब खाना खाकर लिखने बैठे हैं।...देखो भइया, बात यह है कि जब चिन्ता हुई थी और तार दिया था तभी जानते थे कि अगर तुमने चिट्ठियाँ भेजी हैं तो तुम नाराज़ होओगी लेकिन इधर सब चिट्ठियाँ regular आ रही हैं सिर्फ तुम्हारा शुक्रवार का ख़त और शनिवार का express गायब हो गया था और Monday का छोड़ा ख़त मिला बुधवार को इसलिए मन चिन्तित हो उठा था। नहीं, थोड़ा नहीं काफ़ी चिन्तित हो उठा था। देखो तुम और ध्यान से सोचोगी तो एक बात और लगेगी तुम्हें...मैंने इतवार वाले ख़त में बार-बार तुमसे पूछा है कि तुम कुछ depressed हो, कोई तकलीफ़ है। तुम्हें कुछ शारीरिक कष्ट भी था और घर के लिए भी चिन्तित थीं। फिर तुमने आज लिखा भी है कि मंगल को भी उदास थीं। तो ऐसा करो कि वह अदृश्य शक्ति जो हम दोनों को अजाने ही एक-दूसरे की चिन्ता में चिन्तित कर देती है—तुम उस अदृश्य शक्ति को यदि उसका नाम प्रभु है तो उन्हीं प्रभु महोदय को एक इतनी ही तेज़ तुर्श तर्रार चिट्ठी लिखो—बेटा की अक़्ल ठिकाने आ जाएगी। कहेगा बस एक couple ऐसा बनाया-सो-बनाया अब कभी न बनाऊँगा। ख़ैर उससे कुछ बुरा न होगा क्योंकि अब भी हम दोनों-सा couple संसार में एक है, अद्वितीय है, तब भी एक रहेगा, अद्वितीय रहेगा। पर प्रभु महोदय को तो ज़रा मेमशाब के मिज़ाज का पता लग जाएगा।

नहीं राज, मेरे प्यार—तूने गुस्सा भरी चिट्ठी लिखी, ठीक लिखी। तेरा गुस्सा होना नितान्त स्वाभाविक है। जब तू चिट्ठियाँ नियमित भेज रही है और वे नहीं मिल पा रहीं और हम लोगों को चिन्ता हो ही जाती है—और तू नहीं चाहती कि चिन्ता हो—तो तेरा गुस्सा होना तो बिल्कुल स्वाभाविक है प्यार! लेकिन तूने यह क्यों लिखा कि आप लोग गुस्सा होंगे? नहीं मेरी दुलार! तू गुस्से के क्षणों में मुझ पर गुस्सा नहीं करेगी तो किस पर करेगी। तेरे अन्तर्मन के छोटे से बड़े—हर स्पन्दन को तो मैं ग्रहण करता हूँ—तेरा गुस्सा कौन ग्रहण करेगा?

देख, इधर तेरा मन इस बात को सोच रहा है, अभी कल बृहस्पति को सुबह मैंने जो चिट्ठी डाली है—गहरे नीले काग़जों पर उसमें भी तुमसे पूछा है कि शोभा, आनन्द, बड़ी भाभी किसी का कोई पत्र आया है या नहीं। मैं जानता हूँ मेरी baby, मेरी फूल-सी baby को दो extremesमें जीना पड़ रहा है—तूने सच लिखा है कि

एक ओर माँ, भाई बहन का चरम गुस्सा, चरम नाराज़गी और दूसरी ओर हम दोनों की अतिशय चिन्ता। ये extremes जानता हूँ कि कभी-कभी मन को झुँझला देते हैं, बहुत स्वाभाविक है। यह भी जानता हूँ कि यह extremes तेरे लिए केवल मेरे कारण हैं—इसीलिए हैं कि तूने अपने प्राणपण की बाज़ी लगाकर सम्हाला है,सहेजा है। अगर तूने हाथ न गहा होता, उनका पथ न गहा होता तो सारे घर की दुलारी गुड़िया सबसे अप्रिय और कटु न हो गयी होती।...यह भी ख़ूब अच्छी तरह जानता हूँ कि मेरी संगिनी का मन बहुत बड़ा, बहुत Sincere है। वह इतना sincere है कि उसके द्वारा अकारण भी किसी को चोट पहुँच जाती है तो मेरी राज का मन शत-शत करुणा से द्रवित हो उठता है। इसीलिए बार-बार यह अनुभव करके कि उसकी वजह से उसको गुड़िया की तरह प्यार करनेवाले दुख गये हैं—वह बेबस, उदास हो उठती है। वह जानती है उसका प्यार किसी को दुखाने के लिए नहीं है—फिर भी उसने अनजाने दुखा दिया है।

राजे, मेरे सपन—बहुत सी बातों का समाधान सिर्फ समय होता है। धीरे-धीरे पता नहीं क्यों मुझे विश्वास है कि तमाम लोगों ने तेरी बहुत-सी बातों को समझा है—सहानुभूति से समझा है—शेष बातों को भी समझ लेंगे—इसलिए कि उनके मन का आन्तरिक प्यार मरा नहीं है, कम नहीं हुआ है—उनकी यह नाराज़गी भी प्यार की नाराज़गी ही है। वे समझते हैं कि जो पथ तू अपना रही है वह तेरे लिए कष्टप्रद है—इसीलिए वे नाराज़ हैं। दो बरस, चार बरस में अगर तू साबित कर सकी कि वह तेरे व्यक्तित्व को चमका रहा है तो वे भी उस पथ से शायद convinced हो जाएँ। और सच देख तो उनका यह गुस्सा तेरे प्रति नहीं है उतना, जितना मेरे प्रति है। तू तो इसलिए उनकी कोपभाजन है क्योंकि मुझसे अभिन्न है। समय सब ठीक कर देगा baby। शायद है कि कभी वे मुझे, मेरे स्नेह, मेरे समर्पण को भी rigt spirit में समझ लें। मैं पूरी कोशिश करूँगा इसकी—

अच्छा बेनू, और बताओ? बाबा रे! ऐसा ऐसा गुस्सा। मेरा तो अब तक मन काँप रहा है। तेरा ख़त आये बिना ही मैं थर-थर काँप रहा था। अपने कल सुबह वाले गहरे नीलेवाले ख़त में कितना डर-डरकर लिखा है तुझे। अच्छा जाने दो। देखो मेरी पीठ ठोंको। मैं बहुत sincerely बंगाली पढ़ने में लगा हूँ। हालाँकि बंगला के मास्टर साहब को देखते ही मेरी रूह फ़ना हो जाती है। कम्बख़्त इतना बक-बक करता है कि मगज़ खा जाता है। अब देख तुझे अपना नाम लिखकर दिखाऊँ—'भारती'*। और दिखाऊँ 'सूर्या'*। और दिखाऊँ 'राजन'*। और दिखाऊँ देख पूरा वाक्य, वाक्य क्यों—कानों में कहा गया एक प्यारा-प्यारा वाक्य—तुमि आमार के? आमि तो जानि ना (तुम मेरे कौन हो? मैं तो नहीं जानता।) और देख 'कनुप्रिया-राधन'* और देखेगी—'पी.एल.बी.'*। अच्छा अब ज़रा और गहरे वाले शब्द

पढ़—'गुलाब, हंसू, मांसू'*। अभी संयुक्ताक्षर लिखना नहीं आता अत: 'अगस्त्य के फूल' नहीं लिख पाया।

बेनोमा, अब देखो इतना homework करके दिखा दिया, अब तो दुलार कर लो! बिना बात इतनी देर से ऐंठी हो और गुस्सा हो रही हो।

अच्छा चलो अब यह सब ख़त्म—अपना काम-धाम शुरू करो। पहले तुम्हें अपना final programme लिख दूँ। तुम्हें कल सुबह एक लिफाफ़ा छोड़ा था, शाम को inland—उस inland में तुझे लिखा था कि इतवार को मैं शाम को express से खंडवा जा रहा हूँ। सोच रहा था कि कान्ता को ले जाऊँ। लेकिन अब अकेले जाने का तय है। कान्ता यहीं रहेगी। मैं भी बस दो दिन कुल आने-जाने और रहने में लगाऊँगा। परसों रविवार 9 को शाम को 6 बजे ट्रेन पर चढ़ूँगा, सोमवार सुबह 8 बजे खंडवा पहुँचूँगा। खंडवा में सोमवार दिन भर, रात भर तथा मंगल को दिन भर रहूँगा। मंगल को शाम को 6 बजे उसी express से चलूँगा—और सुबह 8 बजे यहां आ जाऊँगा। बुधवार को सुबह 8 बजे आऊँगा तो तेरे कई पत्र मुझे यहाँ मिलेंगे। एक inland जो तू शनिवार को ही (कल के inland के अनुसार) खंडवा के पते पर डाल देगी वह मुझे मंगल तक ज़रूर मिल जाना चाहिए। बस, और मैं दो दिन—बराबर दादा से किसकी बातें करूँगा? बोल किसकी?—हाँ अपने ढंग से। और अब दादा कनुप्रिया की भूरि-भूरि प्रशंसा करेंगे, उसकी लाइनें दोहराएँगे तो मैं तन-मन, रोम-रोम से किसको पियूँगा?

अच्छा बाबू साहब, अब अपनी औक़ात पर आ जाइए, अपनी कापी-पेंसिल उठाइए और पास आइए और उसी तरह बैठिए और अपनी पढ़ाई-लिखाई में लगिए। चलिए, या दोनों चुटैयाँ घसीटकर पास बुलाऊँ। चलो और इस तरह विभोर होकर मत देखो, अपना चुपचाप पढ़ने-लिखने वाली बेबुआ की तरह कापी की ओर देखो...हाँ, पहले यह बताओ कि पिछले हफ़्ते कहाँ तक पढ़ा था? याद है!

पिछले हफ़्ते, हम लोगों ने यह समझा था कि जुंग का दृष्टिकोण फ्रायड से किस मामले में अलग है और वह किस प्रकार sex की जगह libido और unconcious के साथ-साथ collective unconscious तथा केवल यान्त्रिकता की जगह मनुष्य के मन के crcative force में भी विश्वास करता है।

यहाँ से Jung के मनोविज्ञान की कई शाखाएँ हो जाती हैं। एक में वह उन बिम्बों और प्रतीकों का अध्ययन करता है जो आदिम काल से बार-बार अपने को दोहराते चले आए हैं और जो आज भी व्यक्ति के मनोविश्लेषण में, स्वप्नों में, विचारों में प्रकट होते रहते हैं। उन बिम्बों का क्या अर्थ है, वे कितने प्रकार के हैं, एक बिम्ब कितने रूप-अनुरूप ग्रहण करता है, जुंग ने इस दिशा में जो काम किया है उससे चिन्तन की एक सर्वथा नयी दिशा विकसित हुई है जिसे Philosophy of mythology कहते हैं।

अर्थात हमारे यहाँ जैसे पुराण हैं, लोकगाथाएँ हैं जिनमें जो कथाएँ पायी जाती हैं उनमें कुछ इतिहास है और शेष जनता की कल्पना जो पीढ़ी-दर-पीढ़ी जुड़ती गयी है अब उसमें जो प्रतीक आते हैं, बिम्ब आते हैं—जो पुराण पुरुष और mythological persons आते हैं, वे भारत की mythology में एक प्रकार से हैं, असीरिया बेबीलान में दूसरे प्रकार से, मिश्र और यूनान में तीसरे प्रकार से पर उनका मूल तत्त्व एक है क्योंकि उनके पीछे की आदिम मनुष्य की अनुभूतियाँ लगभग एक-सी हैं फिर इसी से एक और शाखा विकसित हुई जिसे philosophy of symbols कहते हैं—प्रतीक दर्शन। तुझे एक बात बताऊँ—तेरे काम की है—समस्त संसार में जुंग के विश्लेषणात्मक मनोविज्ञान पर सबसे बड़ा अधिकारी विद्वान जिसकी सारी दुनिया के दार्शनिक क़द्र करते हैं—जानती है, कौन है ?—वह है फ्रीडा फोरहम—जुंग की आस्ट्रियन शिष्या। और उसके मनोविज्ञान से अनुप्रेरित प्रतीक-दर्शन का सबसे बड़ा अधिकारी विद्वान कौन है—एक अमेरिकन अध्यापिका—Sussane K. Langer—जो कोलम्बिया विश्वविद्यालय के दर्शन विभाग की रीडर है। उसकी philosophy of mythology पर एक दूसरे दार्शनिक ने स्वतन्त्र रूप से काम किया है। वह दार्शनिक निस्सन्देह अपनी दिशा में जुंग से बहुत आगे निकल गया है—अर्न्स्ट कैरीज़र। कैरीज़र की मृत्यु अभी 4-5 वर्ष पूर्व हुई है। कल inland में तुझे लिखा है कि यूजीन ओनील की किताबें लौटाकर कैरीज़र की किताबें लाया हूँ पढ़ने के लिए।

तो एक तो जुंग के मनोविज्ञान की यह धारा हुई। दूसरी धारा में वह मनुष्य के अन्तर्मन जिसे वह psyche कहता है, उसका अध्ययन करता है। वह भी बहुत महत्त्वपूर्ण है पर मैंने पाया कि चाहे या अनचाहे psyche के अध्ययन में उसका भी दृष्टिकोण अपने गुरु फ्रायड की तरह बहुत यान्त्रिक-सा हो गया है। केवल आगे चलकर उसने अपनी इस गलती का परिमार्जन किया है जब individuation का सिद्धान्त प्रतिपादित करता है—मगर इस psyche और individuation के बारे में अभी रहने दो—उसको समझने के लिए पहले तुम उसके charcter types का सिद्धान्त समझ लो।

पहले यह समझ लो कि charcter से उसका क्या मतलब है। वह यह कहता है कि दो चीज़ें हैं—एक है बाहरी दुनिया और दूसरा है हमारा अन्तर्मन। बाहरी दुनिया में हम जीते हैं और जीने की प्रक्रिया में हम निरन्तर अपनी समस्त अन्तर्मन की प्रक्रिया को प्रयुक्त करते हैं बाहरी दुनिया के सन्दर्भ में। हमारा सोचना, विचारना, चाहना, पसन्द-नापसन्द करना, कुछ करने का निर्णय लेना, निर्णय स्थगित करना, भूलना, याद रखना, बन्धना, बन्धन तोड़ना। यह सब हमारा response है बाह्य जगत से अपने को, और बाह्य जगत को अपने से adjust करने की प्रक्रिया में। यह तो हमारे psyche के छोटे-बड़े हर दिशा में घटित होनेवाले responses

हैं—ये एक दिशा में ग्रथित और सूत्रित होते हैं और इन्हीं का Sumtotal (कुल जोड़) हमारा character होता है।

सामान्य भाषा में character कई अर्थों में प्रयुक्त होता है। He has no character. He is characterless. He is an interesting character. He is a character in himself—इन सभी वाक्यों में character के विभिन्न अर्थ हैं। जुंग का मतलब character से है—समस्त जीवन और जगत के प्रति हमारे आन्तरिक response और adjustment की पद्धति।

वैसे अन्ततोगत्वा जुंग तो इस नतीजे पर पहुँचा है कि दुनिया में जितने व्यक्ति हैं उतने प्रकार के characters हैं। हर आदमी का अपना एक निजत्व है। अत: उससे कहीं पर यह भी परिणाम निकलता है कि जिनते व्यक्ति हैं दुनिया में उतने प्रकार के मनोविज्ञान हैं, क्योंकि जीने की उतनी ही पद्धतियाँ हैं, कोई भी पद्धति और प्रक्रिया बिल्कुल हूबहू वैसी नहीं है जैसी कि किसी भी मनोवैज्ञानिक द्वारा परिकल्पित की जा सकती है। यदि यह बात मान ली जाय तो किसी प्रकार का कोई भी वर्गीकरण व्यर्थ प्रतीत होता है, लेकिन जुंग स्वयं यह स्वीकार करता है कि यह वर्गीकरण न final है और न अवश्य आरोपणीय। वह यह मानता है कि कुछ प्रकार के लोगों की जीवन पद्धतियों और आन्तरिक चरित्र, प्रक्रियाओं के कुछ तत्त्व एक-दूसरे से मेल खाते हैं। उन्हें एक वर्ग में रखकर उनका विश्लेषण कर उनके आन्तरिक मनोविज्ञान को समझने में सुविधा होती है। अत: इस वर्गीकरण का अर्थ यान्त्रिक वर्गीकरण नहीं होना चाहिए और यह न मान लेना चाहिए कि उसने कबूतरखाने की तरह अलग काबुकों में अलग-अलग प्रकार के मनुष्यों को छाँट-छाँटकर भर देने की कोई पद्धति खोज निकाली है। वह केवल यह कहता है कि इससे कुछ मुख्य लक्षणों का ज्ञान मात्र होता है, उसके सहारे हम हर आदमी के मनोविज्ञान के सर्वथा विलक्षण, मौलिक और अद्वितीय लोक में प्रवेश पाने में समर्थ हो पाते हैं। एक ही वर्ग के दो चरित्र अपने जीवन के मूल्य, उद्देश्य, परिणति और उपलब्धि में बिल्कुल अलग हो सकते हैं। असाधारण मेधा वाला, कार्यनिष्ठ व्यक्ति, डकैत भी हो सकता है, नेपोलियन भी हो सकता है, गाँधी भी हो सकता है। अत: जुंग का यह वर्गीकरण का सिद्धान्त किसी विशेष व्यक्ति की व्याख्या नहीं कर सकता—हर व्यक्ति की व्याख्या नहीं कर सकता—हाँ, हर व्यक्ति की मौलिक व्याख्या के लिए कुछ आधारबिन्दु अवश्य प्रदान करता है।

अपने वर्गीकरण का मूल आधार उसने यह माना है कि चरित्र का मौलिक रुख बाह्य वस्तु-जगत के प्रति क्या है? और इस दृष्टि से उसने यह माना है कि मूलभूत प्रकार दो होते हैं—आत्मनिष्ठ और वस्तुनिष्ठ। आत्मनिष्ठ के लिए उसने

introvert और वस्तुनिष्ठ के लिए extrovert शब्द का प्रयोग किया है।

extrovert या वस्तुनिष्ठ व्यक्ति स्वभावतः बाह्य वस्तुजगत की ओर अत्यधिक उन्मुख रहता है। चारों ओर की घटनाएँ, व्यक्ति, समस्याएँ, चर्चाएँ, उत्सव—इन सबमें उसको सदा रुचि रहती है। वह अपने चारों ओर के सक्रिय जगत से अलग होकर एक क्षण चुपचाप नहीं बैठ सकता। उसे लगेगा जैसे वह निर्वासित है,यदि उसे समाज की हलचल में डूबने को न मिले। लेकिन अपने अन्तर्जगत के आगे वह उतना ही निष्क्रिय, विमुख होता है। वह अन्दर झाँकना नहीं चाहता। आत्मा आदि जो कुछ हो वह उसे बस जाँच नहीं सकता—उसका अपना कोई जीवन-दर्शन नहीं कोई परम्परा, परम्परागत धर्म, कोई राजनीतिक पार्टी का कार्यक्रम बस इसी को वह मान लेता है।

आत्मनिष्ठ या introvert इसके विपरीत अपने अन्तर्जगत को महत्त्व देता है। वह सम्भव है बाहर की हलचल से थोड़ा आशंकित हो विमुख हो पर अपने अन्तर्जगत से डरता नहीं उसमें निश्शंक उतरता है, अपना ख़ुद का जीवन-दर्शन खोजता है, बनाता है—बाहर की परम्परा, धर्म, church चाहे उसे माने या न माने।

अभी तक हम कहते रहे हैं 'आत्मनिष्ठ व्यक्ति' या 'वस्तुनिष्ठ व्यक्ति' पर यह शब्दावली वस्तुतः ग़लत है। कोई भी व्यक्ति पूर्णतः न आत्मनिष्ठ होता है, न वस्तुनिष्ठ। हरेक में इन दोनों प्रवृत्तियों का सम्मिश्रण होता है, कुछ में एक की प्रधानता होती है, कुछ में दूसरे की। जिसमें वस्तुनिष्ठता की प्रधानता होती है वह चेतन मन से तो संसार की गतिविधि में पूर्ण संलग्न रहता है, लेकिन उसकी आत्मनिष्ठ प्रवृत्ति अवचेतन में काम करती रहती है। नेपोलियन जैसे निरन्तर कार्यनिष्ठ, योद्धा को भी कभी-कभी अवचेतन भय, आत्मचिन्तन ग्रस्त कर लेता था। जो आत्मनिष्ठ होते हैं—उनका अवचेतन वस्तुनिष्ठता के स्वप्न देखता रहता है। बड़े ऐतिहासिक कार्य, क्रान्तियाँ, हम दुनिया उलट-पलट देंगे इसके ताने-बाने बुनता रहता है।

लेकिन यह द्वन्द्व यदि समझा न जाए तो कभी-कभी हानिकर होता है, पर अगर समझ लिया जाय तो व्यक्ति अपने आत्मबल से अपने चरित्र के कमज़ोर वाले पक्ष, अवचेतन वाले पक्ष को सशक्त बना सकता है। निरन्तर शिकार और डाका डालने वाले वाल्मीकि वस्तुनिष्ठ थे पर राम को पाकर उन्होंने अपने आत्मनिष्ठ दर्शन और काव्य को भी उभार लिया। जो आत्मनिष्ठ आविष्कारक मैदान में लेटा-लेटा चिड़ियों को देखकर हवा में उड़ने की अवचेतन कल्पना करता रहता था—उसने वस्तुजगत के यान्त्रिक नियम समझकर हवाई जहाज बना डाला।

अतः चरित्र सदा एक जड़ स्थिर वस्तु नहीं है, वह निरन्तर विकासशील हो सकता है और अधिकतर होता है। "in a continuous fluxo of adjustment and readjustment."

अतः अध्ययन करते समय यह कहना कि अमुक आत्मनिष्ठ या वस्तुनिष्ठ है, यह अधूरा अवैज्ञानिक अतः असत्य कथन है। कहना यह चाहिए कि उसमें इतनी प्रवृत्तियाँ ऐसी हैं, इतनी वैसी और उन प्रवृत्तियों का विकास इस दिशा में हो रहा है, दूसरी का इस दिशा में—दोनों प्रवृत्तियाँ इस प्रकार एक-दूसरे पर क्रिया-प्रतिक्रिया करती चल रही हैं—और पूरे चरित्र-विधान की दिशा इस ओर जा रही है।

यह इस वर्गीकरण का आरम्भिक बिन्दु मात्र है। इतना तो समझ गयीं न प्यार! कोई कठिनाई तो नहीं हुई। अब इसके बाद इस वर्गीकरण के विस्तार में चलेंगे। थकीं तो नहीं—आओ थोड़ी देर अवकाश! लाओ तब तक मैं अपने गुलाब देख लूँ! लो इन पर की रंगधारियाँ तो मिट गयीं। लेकिन एक बात है। इन पर के दाखाओं का रंग आजकल बहुत विलक्षण है। और देखो तो, अपने तारघर को कितने दिनों से भूला हुआ था मैं! तभी तो डाँट खाता हूँ अपनी राजे से। जब अपना तारघर है जो एक-एक क्षण, एक-एक संवेदन की ख़बर पहुँचाता है तो बेकार मैं सरकारी तारघरों में दौड़ता हूँ। अच्छा, अच्छा, ये रफ़ियनजी कहाँ पहुँच रहे हैं—नहीं—चलो चुपचाप पढ़ो नहीं तो कस के चपत पड़ेगी—

हाँ, आगे जुंग ने यह कहा है कि यह जो हमारे आन्तरिक response की प्रतिक्रिया है इसमें psyche के चार functions होते हैं sensation, Thinking, feeling, intuition। अब इसको उसने एक उदाहरण से समझाया है। देखो गुस्सैल जी, मुझ पर गुस्सा न होना यह मेरा नहीं उसका दिया उदाहरण है।

उसने उदाहरण यह दिया है कि मान लो P.L.B. लौटकर शाम को घर आयीं। थकी हुई, कुछ देर आराम किया, चाय पी और जाकर छज्जे पर खड़ी हो गयीं। वहाँ देखा कि कुछ भीड़ लगी हुई है और एक व्यक्ति जो साइकिल पर जा रहा था—वह कपड़ों से धूल झाड़ रहा है पर उसकी साइकिल उधर गिरी है और उसका एक पहिया मुड़ गया है। लोग इकट्ठा हैं। इतना तो P.L.B. ने आँखों से देखा कानों से शोर सुना...

लेकिन साथ-ही-साथ अब thinking process भी मन में चलने लगा—और जो तथ्य उन्होंने देखे उनकी संगति बिठाने लगी। साइकिल का मुँह ग्रे स्ट्रीट की ओर है अतः लगता है यह व्यक्ति हैरिसन रोड से आ रहा था, सड़क पर ट्रक के पहियों पर घिसटते हुए निशान बने हैं जिससे लगता है ट्रक ज़ोर से आ रहा था। कड़ा ब्रेक लगाना पड़ा। साइकिल वाला बायीं ओर है अतः ट्रक ग़लत साइड से आ रहा था। यह thinking process हुआ—अर्थात sensation से देखने और सुने हुए शोर से जो बोध मिला उसके अंशों की संगति बिठाकर पूरे सन्दर्भों को परिचिन्तित कर लेना।

पर मन यहीं नहीं रुकता। P.L.B. जी तुरन्त सोचती है। गलती ट्रक वाले की है। ये ट्रक वाले बहुत लापरवाह होते हैं। भीड़-भाड़ के समय तो कलकत्ते की सड़कों पर इतने बड़े ट्रक आने नहीं देने चाहिए। बेचारा साइकिल सवार। अब यहाँ पर P.L.B. का मन एक ओर तो value judgements दे रहा है। क्या उचित है क्या अनुचित! कौन ग़लत है, कौन सही? दूसरी ओर उसमें रागात्मक प्रक्रियाएँ भी हो रही हैं—साइकिल सवार बेचारा! ट्रकवाला बदमाश—यह प्रक्रिया है feeling। Sensation की faculty ने केवल तथ्य जुटाये, Thinking ने उन तथ्यों की संगति बैठाकर पूरी स्थिति परिकल्पित की और feeling ने उनका सम्बन्ध भावना और मूल्यांकन से जोड़ा—पर यहीं पर इतिश्री नहीं होती।

अकस्मात् P.L.B. हट जाती हैं—छज्जे से और कमरे में बेचैनी से टहलने लगती हैं। उनके समझ में नहीं आता कि यह बेचैनी किस बात की है। धीरे-धीरे उन्हें याद आता है कि बात यह है कि दो दिन पहले वाले इनलैंड में उन्होंने यह लिखा था कि आजकल वे साइकिल पर घूमने जाते हैं और अक्सर साइकिल पर कालका या Bombay mail catch करने जाते हैं। देखो—इनको—ठहरे लापरवाह! गुलाबों के ध्यान में डूबे साइकिल चलाते हैं—उधर मिलिटरी की ट्रकें आती-जाती हैं। जाने इन्हें क्या सूझा है साइकिल चढ़ना। अब कहाँ-कहाँ P.L.B. डाँटें, कहाँ-कहाँ नाराज़ हों। तार कराने से साइकिल चलाने तक इनकी हरकतें अब असहनीय होती जा रही हैं।—इतने में छोटेलाल आता है। उसके हाथ में डाक है। ख़त से मालूम होता है कि वे ठीक हैं। उन्हीं ने तो लिखा है—तो हिन्नी के ख़त से यह भी मालूम हुआ कि साइकिल डॉ. बसु ने मना की है। P.L.B. ने सन्तोष की साँस ली, चिन्ता और गुस्सा ख़त्म हुए—बैठकर प्यारी-प्यारी चिट्ठी लिखने लगी।

अब मन की यह प्रक्रिया वर्तमान से भविष्य में और एक बिन्दु से दूसरे बिन्दु की ओर चिन्तन का प्रक्षेपण करती है। वह इस स्थिति के आधार पर दूसरी स्थितियों की कल्पना कर उसके प्रति reach करती है। इसे Jung ने Intuition कहा है।

इस प्रकार हमारी सारी आन्तरिक प्रक्रिया Sensation, Thinking, Feeling और Intuition इन चार शक्तियों से अन्तर्ग्रंथित होती है। पहले तो जुंग यह मानता है कि चरित्र के चार प्रकार हो सकते हैं—Sensation प्रधान, thinking प्रधान, Feeling प्रधान, Intuition प्रधान। उनमें एक प्रधान होती है और शेष तीनों उसकी अनुवर्तिनी। जो sensation प्रधान मन से काम करता है उसका thinking, feeling, intuition ख़ास प्रकार से read करते हैं। इसी प्रकार शेष में भी होता है पर यह केवल कल्पित विभाजन है। होता है यह कि कुछ में sensation और thinking प्रधान होता है वे वस्तुनिष्ठ या extrovert होते हें उनमें intution और feeling होती है पर प्रधानता उनकी नहीं होती। वे गौण रहती हैं। जो आत्मनिष्ठ होते हैं उनमें

feeling और intution प्रधान होते हैं—sensation और thinking गौण होते हैं।

अब जुंग के वर्गीकरण का विस्तार आरम्भ होता है। चार प्रकार हमने देखे—sensation प्रधान, Thinking प्रधान, Feeling प्रधान, Intution प्रधान। फिर वह मानता है कि इनके भी दो-दो रूप होते हैं extrovert और introvert अत: प्रमुख 8 प्रकार हुए—

| | |
|---|---|
| 1. Extroverted Thinking Type | 2. Introverted Thinking Type. |
| 3. Extroverted Feeling Type | 4. Introverted Feeling Type. |
| 5. Extroverted Sensation Type | 6. Introverted Sensation Type. |
| 6. Extroverted Intutive Type | 8. Introverted Intuitive Type. |

अब इसका भी further विस्तार हो सकता है। अर्थात्

9. Extroverted Thinking Type

| | | |
|---|---|---|
| extra feeling type with feeling as next important function | Do Do with sensation as next important function | Do Do with intution as next important function |

और फिर ये उपविभाजन भी दो हो सकते हैं—

1. Extroverted Thinking Type with Introverted Feeling
2. Extroverted Feeling Type with Extroverted Feeling.

इस प्रकार इन 8 वर्गों के 6-6 उपवर्ग हो सकते हैं और कुल 8 × 6 = 48 वर्ग होंगे। उनके क्या लक्षण हो सकते हैं इनका विस्तार पूर्वक विवेचन जुंग ने अपनी पुस्तक में उदाहरण दे-देकर समझाया है।

तुम्हें राजे उलझन तो नहीं हो रही। यह विस्तार तो बाद में हम-तुम बैठकर किताब से ख़ुद पढ़कर समझ लेंगे। बस अभी वर्गीकरण का सिद्धान्त समझ लो।

पर साहित्य में जब अपने चरित्रों (पात्रों को संकलित कर) वर्गीकृत कर लोगी तब उनकी growth का अध्ययन करने में आनन्द आयेगा। एक तो पहले उनका basic pattern क्या है इसे देखकर बताओगी कि वह किस वर्ग का चरित्र है। लेकिन साहित्य में चरित्र स्थिर नहीं रहते विकसित होते चलते हैं। अपने चरित्र के कमज़ोर पक्षों पर कभी विजय पाते हैं, कभी उनके शिकार हो जाते हैं। इस प्रकार जो उनमें महत्त्वपूर्ण चरित्र-पात्र होंगे उनके विकास और stand का अध्ययन करने में मज़ा आएगा।

एक और पक्ष है जिस पर किसी अगले पत्र में बताऊँगा वह है individuation की प्रक्रिया। जुंग यह कहता है कि प्रत्येक व्यक्ति संसार में अपना एक self लेकर पैदा हुआ है और वह इस चरित्र पैटर्न में से गुज़रता हुआ अपने उस self को realise

नहीं कर लेता तब तक वह चैन नहीं पाता। उसके व्यक्तित्व में integration नहीं आता, बिखराव बना रहता है। इसके लिए वह कैसे अपने अन्तर्मन में उतरता है। धीरे-धीरे उसमें से आदिम प्रतीक और Symbols उसके वास्तविक व्यक्तित्व को उभारने में सहायता देते हैं—कौन से तत्त्व unconscious में हैं जो कभी उसके उस self को आह्लादित किए रहते हैं, कभी वह उनसे जूझकर उस self को उभार लेता है और अपने को पा जाता है (आत्मानं विद्धि—अपने को जानो—आत्मोपलब्धि अपने को पाओ) वह प्रक्रिया बहुत ही रोचक है। और बहुत अंशों तक अपने मध्यकालीन योग और भक्ति-मार्ग की आत्म-साधना से मेल खाती है।

हम जब साहित्य के चरित्र प्रकारों का अध्ययन करेंगे तो उनके individuation process (व्यक्तित्व उपलब्ध करने की प्रक्रिया) में उनका अध्ययन करेंगे। उनके अन्तर्द्वन्द्व, उनकी अन्तर्दृष्टि, उनकी असफलता या सफलता का मूलयांकन करेंगे—

अब समझ गयीं अपना काम। इन 48 प्रकारों को समझ लेना। 50 चुने प्रबन्ध काव्यों के पात्रों को चुन लेना। वर्गीकरण करना। और चुने हुए 50 प्रमुख चरित्र पात्रों का विस्तृत अध्ययन करना।

यह काम कुल 10 महीने या अधिक-से-अधिक 12 महीने का है।

बोलो मेरे प्यार! तुम समझ गयी। कुछ भी तो कठिन नहीं है। एक तरह से समझ लो कि जिसे पुरानी आलोचनात्मक भाषा में चरित्र-चित्रण कहते थे, उसी का अध्यन एक विशेष वैज्ञानिक दृष्टि से करना है। और राज—इस अध्ययन में हम बहुत कुछ सीखेंगे—बहुत कुछ जानेंगे जिसके आधार पर हमारी राज कितनी किताबें कितने अध्ययन प्रस्तुत करेगी और मेरा बहुत बड़ा सपना खिल उठेगा—

परसों 9 तारीख़ है। मैं भरे-भरे मन से सुबह प्रार्थना करूँगा। हमारी अंजलियाँ आबद्ध होंगी और जो बड़े काम हमारे सामने हैं उनके लिए हम शक्ति संचय करेंगे—

अच्छा—चलो अब डूबी-डूबी सो जाओ। आ...ओ।

* तारांकित शब्द भारती जी ने बाँग्ला में लिखे थे।

FRIDAY : 14th AUGUST, '59, 7 A.M.

अपने इस पूजाघर में पश्चिम की ओर एक छोटी-सी खिड़की है जिसमें से पोखरा दिखाई देता है। पार साल जब दर्द बेहद था और मैं अकेला था और बेहद उदास था और बेहद अकुलाहट से मन तुम्हें पुकारता था और तुम नहीं आयी थीं और आयी भी थीं तो आने के तीन दिन बाद ही तुम घर जाने के लिए बेचैन हो गयी थीं—(बाद में तुमने स्वीकारा—बहुत महीनों बाद कि तुम्हारा मन यहाँ ज़्यादा नहीं लगता था—) उन दिनों अक्सर इस खिड़की पर खड़े होकर चुपचाप मैं डूबते सूरज के सिन्दूरी रंग को देखा करता था।...तुम्हें बताना भूल गया। पिछले हफ़्ते जब तुम्हारी चिट्ठियों को आने में कुछ देर हुई थी और हम दोनों perturbed हो गये थे और घबराकर तार दिया था तुम्हें—उन दिनों जैसा लिख चुका हूँ कि critical पढ़ने में मन नहीं लग पाता था—यूजीन ओ नील के ड्रामे पढ़ता था और जब थक जाता था, तो इसी खिड़की पर खड़े होकर चुपचाप पोखर की ओर देखता रहता था—

इस पोखर में एक मज़े की चीज़ mark की है मैंने। जब पानी भर आता है तो ढेर-के-ढेर पानीवाले साँप हमारे घर के पिछवाड़े पानी और घास में आकर पड़े रहते हैं। दिखाई नहीं पड़ते। पर गौर से देखिये तो कहीं पानी में एक स्पन्दन होता है, या कोई धारा हिलती दीख पड़ती है और तब आप देख पाते हैं कि एक काली या भूरी चीज़ पानी में कुंडली बदल रही है और वह साँप है। और इसके बाद आप थोड़ी देर में गिन सकते हैं कि कितने साँप हैं यहाँ और कहाँ-कहाँ छिपे हैं। अभी उस दिन की बात है कि पीछे आँगन में जहाँ मालती की लतर लगी है, मैं खड़ा हुआ था। धूप निकल आयी थी। मैंने चारों ओर की शान्ति में कुछ हरकत महसूस की। क्या था कुछ पता नहीं लगा। इतने में क्या देखा कि बाहर से एक बड़े साँप महोदय रेंगकर चहारदीवारी पर चढ़ने की कोशिश कर रहे थे और अपना फन दीवार की ऊपरी edge तक पहुँचाने में समर्थ हो गये थे। बिल्कुल मेरे निकट। एक हाथ की दूरी रही होगी बस! मैंने देखा कि धक् से हो गया जी! जहाँ पाँव थे वहीं गड़े रह गये। पर मन घबराया नहीं। सोचा देखें क्या होता है। सर्प भाई ने अपना फन दीवार पर जमाकर पूँछ उछाली और फिर पूरी तरह दीवार पर खड़े हो गये—बहुत बड़े थे भाई जी! उसके बाद उनकी निगाह मुझ पर पड़ी। दो बार झूमे और निर्णय लेते रहे कि

क्या करें। फिर छपाक् से नीचे कूदे—पोखर की ओर नहीं—आँगन की ओर—और तेज़ी से रेंगकर करौंदे की झाड़ी के पास गड्ढा था उसी में मुड़मुड़ाकर बैठ गये। मैं देखता रहा कि अब ये महोदय क्या करते हैं। थोड़ी देर बाद उन्होंने गड्ढे में से फण निकाला और मेरी ओर देखते रहे और बहुत लोलुपता से अपनी काली दोहरी जीभ लपलपाते रहे! मैं भी खड़ा रहा, हटा नहीं। थोड़ी देर बाद लगता है कि उन्होंने मन में यह सोच लिया कि यह व्यक्ति डरेगा—नहीं—निर्भीक तो क्या माना होगा, यह माना होगा कि बेशर्म है और ज़िद्दी है। पाँव जहाँ रख रख दिये तो रख दिये—अब इसे आँख दिखाना, जीभ लपलपाना बेकार है। उसके बाद लगता है मेरी बेशर्मी से दुखी होकर, गड्ढे में कोई बिल था उससे वे साँप भाई उदास अपने पोखरे में लौट गये। सोचता था यह घटना लिखूँगा लेकिन उन दिनों तुम्हारे ख़त खो गये थे (express वगैरह) तो तार दिया और फिर जब बेहद डाँट पड़ी तो होश फाख़्ता हो गये।...कल खंडवा से आते-ही-आते एक ख़त (जो रास्ते में लिखा था जिसमें दादा और मेरा एक चित्र था) तुझे स्टेशन पर डाला और घर आकर तेरे सब ख़त (last का मंगल का लिखा, शोभा वाला ख़त पाकर जो तूने लिखा था) पाकर उनका विस्तृत उत्तर भेजा तुझे। कालका पर उसे छोड़कर जब लौटे तो सिविल लाइंस में अकस्मात् देखा कि अपने कुछ मित्रों के साथ डॉ. राममनोहर लोहिया चले आ रहे हैं (जानती है उन्हें?) उन्होंने रोक लिया और कुछ देर उनके साथ coffee house में बीते। लौटे तो पाँव में काफ़ी दर्द था। तुझे खंडवा से ही लिखा था कि सोमवार को तीसरे पहर से पाँव में दर्द भी होने लगा था और मन बहुत अधिक उचट गया था। सो आकर पाँव दबवाये और सो गये। मन बहुत अच्छा तो नहीं ही था—शायद दर्द के ही कारण। पानी बेहद बरस रहा था। थोड़ी देर बहुत बेचैनी रही फिर नींद आ गयी। सुबह उठा। पाँव का सारा दर्द सिमटकर एड़ियों में आ गया था बेहद टिसकन थी। खड़ा हुआ तो खड़ा न हुआ जाए। अन्त में तकियों पर पाँव रख पश्चिम वाली खिड़की पर खड़ा हो गया। रात भर में पानी भर आया था और आज फिर साँप बिरादरी किनारे पर अपनी सभा जुटाए है। बहुत देर खड़ा उन्हें mark करता रहा कि कहाँ-कहाँ छिपे हैं वे—पाँव धीरे-धीरे कुछ ठीक हुआ, चाय पी, मुँह-हाथ धोया और तुम्हें लिखने बैठे।

2 P.M.

ऊपर जब लिखा शुक्रवार तो अकस्मात याद आया कि आज तो अपनी पढ़ाई का दिन है। पिछले हफ़्ते भी उसके पहले भी इसी दिन अपना character types वाला period पड़ता है। और तब तक मिला था केवल तेरा मंगलवार वाला लम्बा ख़त। तब आया थोड़ा-सा गुरु वाला गुस्सा। देखो इस लापरवाह प्रियाशिष्या को कि

और सब लिखा इसने और जुंग वाले ख़त के लिए केवल एक पंक्ति लिख दी कि मिल गया! क्या! अरे मिल गया तो आपके समझ में आया कि नहीं आया, आपके सामने बात स्पष्ट हुई या नहीं हुई इसका कुछ उल्लेख नहीं, थोड़ी देर तक खूब गुस्सा हुआ तुम पर, पटक दी किताब और हाज़िरी का रजिस्टर कि नहीं पढ़ाते—जाओ और इसी गुस्से में चले गये यूनिवर्सिटी। वहाँ से लौटे तो सुबह की डाक से मेरी प्यारी-प्यारी राजे का एक छौनू-मौनू ख़त आया था—कॉलेज में बैठकर कुन्नो को और मुझे लिखा हुआ जिसमें उसने राबर्ट ब्राउनिंग की कविताओं का ज़िक्र किया और लिखा "Get grow together along with me, the last is yet to be." और उसने लिखा कि दो बार पढ़ने पर character types वाला वर्गीकरण समझ में आ गया। बस इतना पढ़ना था कि मन सौ-सौ उमंग से ललक उठा अपने तन-मन अपने जीवन प्यार को अगस्त्य के फूलों से पगडंडी तक प्रत्यंचाओं की टंकारों से लाद-लाद देने को! अपनी हरीतिमा को, अपनी हरे परिधान में लिपटी ममता को, अपनी पोथी-पत्रा लेकर पढ़ने आयी हुई छोटी-छोटी, प्यारी-प्यारी, लाल-लाल रिबन बाँधे मुन्नी-मुन्नी बहनिया को गोद में बिठाकर उसे आगे का पाठ पढ़ाने को कि वह अपनी नन्हीं-नन्हीं हथेलियों में स्लेट थामे लिखती जाए—रा से राखी, और राधन्, और राजन, और रास। और फिर पूछे मेरे गुरु, प्रभु! क से क्या होता है—तो लिखे—क से कंचन तन, क से कनु, क से कैरेक्टर टाइप!...And so we begin our further lesson in character types of Jung. चलो, बन्द करो सब शरारतें और बैठो चुपचाप और ध्यान से सुनोगी इधर-उधर मन नहीं भटकाओगी तो सब समझ में आता चलेगा एक ही बार में। और अगर ध्यान इधर-उधर भटकाओगी तब एक बार फिर हंसारूढ़ होना पड़ेगा—सरस्वती का ही ध्यान इधर-उधर रहे तो विद्या भला एक बार में कैसे मिले?

अब इस बार तुझे व्यक्ति के psyche में, deep unconscious में रहने वाले कुछ ऐसी मनोभ्रान्तियों या जटिल भावों के बारे में बताना है जो व्यक्ति के चरित्र के sources और growth को बहुत प्रभावित करते हैं। प्रभावित नकारात्मक अर्थ में—यानी उसके चरित्र के पूर्णतया विकास को बाधित करते रहते हैं। जुंग ने इन तीनों को बहुत महत्त्वपूर्ण माना है क्योंकि उसका कहना है कि प्रत्येक मनुष्य चाहे वह introvert हो या extrovert हो—उसके अवचेतन में ये तीन मनोग्रन्थियाँ उसके character को निरन्तर किसी न किसी रूप में प्रभावित करती हैं। character के अर्थ प्रारम्भ में ही हमने बताया था कि हमारे पूरे व्यक्तित्व का हमारे परिवेश और जीवन के प्रति response। तो उसका कहना है कि जिसमें इच्छा शक्ति और दृष्टि होती है वे इन complexes को भी अपनी शक्ति बना लेते हैं और इनकी सीमाओं का अतिक्रमण कर केवल इनका शक्तिशाली तत्त्व ग्रहण करते हैं और जो ऐसा नहीं

करते उनकी जीवन प्रक्रिया में अनजाने ही deep unconscious में से बार-बार ये उभर-उभरकर उन्हें बाधा पहुँचाते हैं। उनके जीवन की सहज प्राकृतिक गति में भंवरें उत्पन्न कर देते हैं। (जब हम प्रत्येक पात्रों का अध्ययन करेंगे तो पहले तो उन्हें वर्गीकृत करेंगे और देखेंगे कि इनमें से कौन extrovert है कौन introvert और उसमें भी कौन feeling प्रधान है आदि फिर हम देखेंगे कि प्रबन्ध काव्य या खंड काव्य में उनका चरित्र धीरे-धीरे कैसे विकसित हुआ है। उस विकास में, देखना होगा, कि जो भँवरें आती हैं उनमें कहीं ये जुंग द्वारा बताये complexes तो मूल में नहीं हैं?)

पर उन complexes को जानने के पहले जुंग द्वारा दी गयी complex की व्याख्या समझ लेनी चाहिए। उसका तात्पर्य complex से ग्रन्थि या गाँठ या knot नहीं है। वह complex का मूल अर्थ बताता है com + plex अर्थात् साथ लिपटा हुआ। जैसे रस्सी में तुम देखती हो कि कई तागे एक साथ बंटे हुए मिलते हैं या अक्सर बिजली के तार में एक निगेटिव का तार और एक positive का तार साथ लपेट दिया जाता है—उसी प्रकार हमारे मन में ego के साथ कुछ भावनाएँ उसी भाँति लिपटी होती हैं बटी हुई। entwined with ego. कभी-कभी वे स्वतः बहुत अदृश्य और सूक्ष्म होती हैं कि पता ही नहीं चलता और कभी-कभी बहुत प्रकट और स्थूल होती है कि उनका पता तुरन्त चल जाता है। कुछ लोग उनका कभी पता नहीं लगा पाते और उनके कारण कुंठित होते रहते हैं और कुछ लोग आत्म निरीक्षण कर उन्हें जान लेते हैं और उन पर विजय पा लेते हैं और या तो उन्हें उन्मूलित कर डालते हैं या जितना उनमें से उन्मूलित करने योग्य होता है उतना उन्मूलित कर डालते हैं और जितना उपयोगी होता है उसका उपयोग कर लेते हैं। complex मात्र को जो भयानक या हानिकर समझते हैं यह ग़लत भावना है। ग़लत है उनके द्वारा बेसमझे-बूझे निर्देशित होना।

वैसे deep unconscious में कई भाँति के complexes होते हैं। लेकिन सारी जीवन प्रक्रिया में हमारे character type को प्रभावित करेन वाले प्रमुखतः तीन complexes होते हैं। SHADOW Complex. PERSONA Complex और PARTICIPATION MYSTIQUE Complex.

अब यह shadow complex बड़ी रोचक वस्तु है। तुम तो फोटोग्राफी करती रही हो, अपनी प्यारी-प्यारी शान्ती भाभी के खतरनाक़ फोटो चोरी-चोरी लेती रही हो अतः तुम इसे आसानी से समझ सकती हो। जब photo लेती हो तो निगेटिव पर पहले आकृति का छायांकन होता है। फिर उस negative से काग़ज़ पर उतरता है। काग़ज़ पर जो photo आती है वह कलात्मक और सुन्दर होती है, लेकिन negative पर जो छाया आती है वह उसकी सर्वथा विपरीत होती है। जहाँ photo में लाइट होती है वहाँ negative की छाया में darkness होती है।—हमारा व्यक्तित्व भी जो

बनता चलता है उसमें हम पैदा होने के बाद अच्छे गुण विकसित करते हैं, हममें जो श्रेष्ठ है उसके विकास में तत्पर रहते हैं—लेकिन इस सब प्रक्रिया में हमारा एक पुराना, असंस्कृत, अपरिष्कृत, कच्चा, कमज़ोर या अनियन्त्रित self—कैमरे के negative की तरह छूटता जाता है। यह मनुष्य मात्र में होता है क्योंकि जैसे कलात्मक photo का भी negative होता ही है और वह वैसा ही होता है जैसे सभी negatives—बिना निगेटिव के photo की कल्पना ही नहीं की जा सकती—

कैमरे का निगेटिव तो जड़ वस्तु है, हम जब उसे चाहते हैं reprintकर लेते हैं, उसे retouch कर लेते हैं और जब चाहते हैं उसे छाप लेते हैं और कलात्मक photo निकाल लेते हैं। लेकिन हमारे व्यक्तित्व का यह negative (यह shadow) केवल जड़ नहीं होता। वह हमारे अच्छे और विकासमान self के साथ धागे की तरह बटा रहता है और अक्सर अपने को आरोपित करने की चेष्टा करता है। जब-जब वह अपने को आरोपित करता है तब-तब हम यह पाते हैं कि अपने विकास की राह में हममें शिथिलता आने लगती है, भय आने लगता है, असमंजस आने लगता है, सन्देह आने लगते हैं—इसके लिए कहा गया है—

"Broadly speaking the shadow is make up of the ego's positives. It is the something which comes between a man and his fulfillment : his laziness, his fickleness, his tendency to let things hide or to overdo things, his cowardies, his rashness, his murkiness, and smut. It is also the negative expressions of all those things that belong to us and which we have not dared to live. It is also much more than that; the dark background from which we have emereged, the primitive, the animal, the non-humane."

इस उद्धरण के अनुसार हम पाते हैं कि यह shadow या negative तीन तत्त्वों का प्रतिनिधित्व करता है—1. कभी-कभी हमारे उच्चतर व्यक्तित्व के विकास की दिशा में हमारी कायरता, हमारा आलस्य, हमारी डाँवाडोलता, हमारा आवेश। 2. कभी-कभी ऐसी अतृप्तियाँ जो हममें छूट गयी हैं जिन्हें हमने पाप करके माना या जिन्हें ग़लत समझा और केवल दबाने की कोशश की, 3. और मनुष्य मात्र का विकास जिस पशु अस्तित्व से हुआ है उसकी नृशंसता, अमानुषिकता, बुद्धिहीनता, भय और पलायन!

यह shadow complex, बराबर जो साधक और चिन्तक, आत्मविश्लेषक और दृष्टा कवि, सन्त आदि रहे हैं उन्होंने पहचाना है। जुंग ने इसको एक वैज्ञानिक स्तर पर recognise किया है पर चीज़ यह बहुत पुरानी है। अद्वैतवादी दर्शन में बराबर जीव को अज्ञान की दशा में छायावेष्टित कहा गया है और बराबर माना गया है कि उसे इस छाया से मुक्त होकर आत्मस्वरूप का साक्षात्कार करना चाहिए। इसी

छाया को The darkness माना गया है। 'तमसो मा ज्योतिर्गमय' इसी अर्थ में है। इसी को कबीर ने एक स्थान पर कहा है कि नई वधू छाया देखकर डर जाती है। 'छाया देख डराहि' और तुम्हें आश्चर्य होगा राजे बेनू कि तेरे T.S. Eliot ने इस बीसवीं शती में भी इसी की ओर संकेत किया है जब वह कहता है :

Between the idea
And the reality
Between the motion
And the act
Falls the shadow

Between the conception
And the creation
Between the emotion
And the response
Falls the shadow...(The Hollow Men).

अब इस shadow के प्रति क्या attitude होना चाहिए इसके बारे में दो मत हैं। एक तो तुम जानती हो शुद्धतावादियों का (puritions) मत है कि यह shadow बिल्कुल दबा दी जानी चाहिए। लेकिन जो अधिक मानवीय दर्शन है उनका यह कहना है कि यह shadow रह जाना स्वाभाविक है। धीरे-धीरे हमें इसे face करना चाहिए, इसके प्रति हमारा भय का रुख नहीं होना चाहिए। यह जानना चाहिए कि यह अक्सर रहती है, काफी दिनों तक रहती है पर यह जानना चाहिए कि हम इस पर विजयी हो चुके हैं और पराजित होकर अब यह हमारी दासता स्वीकार कर चुकी है। जुंग ने भी यह कहा : "When the shadow is faced, it changes in character, progressively becomming more assimilable."...पर वह यह भी चेतावनी देता है कि अक्सर मनुष्य सचेतन स्तर पर अपनी shadow को अपने आदिम भय, अपने असमंजस, अपने negative aspect को जो उसे शिथिल बनाता चलता है—उसे face करने और स्वीकार करने में डरता है—"Facing the shadow is not a happy expereince. To some it brings a feeling of guilt, to others hopelessness, to all heaviness of spirit, hard to bear." अर्थात अपने इस छाया व्यक्तित्व को देखना कोई सुखद नहीं लगता। कुछ इसे देखकर ख़ामख्वाह अपराध भावना से ग्रस्त हो जाते हैं, कोई बिल्कुल आशा खो बैठते हैं, उदास और भारी मन तो सभी हो जाते हैं—लेकिन फिर भी जेसा जुंग कहता है—"It is in facing and dealing with the shadow, understanding and conquring it that a man realises himself for the first time and with that realization may find a sense of community (समागम) with other, and come upon the great opening of the spirit."

तू इसे ठीक-ठीक समझेगी जब तू याद करेगी कि कनुप्रिया ने एक बार तुझसे क्या कहा था—एक बार she had to face this negative shadow—भय, कायरता, अपने उच्चतर साक्षात्कार से भागने की भावना असमंजस। और उसे पता नहीं चल पाता था कि यह आदिम भय कहाँ से आ रहा है जो उसे कनु के साक्षात्कार में लीन नहीं होने देता—

"कहाँ से आता है यह भय
जो मेरे इन हिमशिखरों पर
महासागरों पर
चन्दन वन पर
स्वर्णवर्णी झरनों पर
मेरे उत्फुल्ल लीला तन पर
कोहरे की तरह
फन फैलाकर
गुंजलक बाँधकर बैठ गया है।"

और उसने विह्वल और उदास होकर पूछा था—

"सुनो मेरे बन्धु
अगर यह निखिल सृष्टि
मेरा लीला तन है
तुम्हारे आस्वादन के लिए
तो यह जो भयभीत है—वह छायातन
किसका है?
किसलिए है—मेरे मित्र?"

और बाद में जब उसने एक बार इसे face कर लिया तो जुंग के शब्दों में The shadow changed its character and became more assimilable." अगली ही कविता-केलिसखी में फिर वह बावरिया राधन कहती है—

"और भय
आदिम तर्कहीन कारणहीन भय जो
मुझे तुमसे दूर ले गया था, बहुत दूर—
क्या इसीलिए कि मुझे
दुगुने आवेग से तुम्हारे पास लौटा लावे..."

इसीलिए मेरे राजे बेनू, कनुप्रिया की वैष्णवता तो इस shadow को भी

assimilate कर ले जाती है—न इससे पराजित होती है, न इससे भागकर छिपती है।

जुंग ने कहा है कि हमारा मन जब अपरिपक्व होता है, अच्छी तरह अपने वास्तविक स्वरूप को नहीं पहचानता, उलझा हुआ होता है तभी यह छाया—यह shadow personality भी बहुत ज़ोर बाँधकर हमें आच्छादित कर लेती है। लेकिन जब हमारी दृष्टि साफ़ हो जाती है, हमारा मन दृढ़ हो जाता है, हम अपने स्वरूप और लक्ष्य को जानने लगते हैं तो यह shadow अपनी ध्वंसात्मक शक्ति खोकर हमारे वशीभूत हो जाती है। राजे बेनू—प्रत्येक रससिद्ध द्रष्टा इस बात को जानता है। जानती है माखनलाल जी ने कनुप्रिया पर जो टिप्पणी भेजी थी उसमें इसी बात को किस प्रकार कहा है—वे लिखते हैं—"राधा आराधना का ही दूसरा नाम मुझे लगता है। सूरज जब शैशवावस्था में रहता है, उगता है तब तरु और मानव लम्बी छायाएँ पीछे फेंकने लगते हैं और जब अस्तोन्मुख होता है तब भी छायाएँ बड़ी हो जाती हैं। लेकिन सूरज जब मध्याह्न में होता है तब मानो वही छाया केन्द्र में, जड़ में लिपटकर छोटी हो जाती है। इसी तरह जब रस का वेग कच्चा रहता है या उतरा हुआ होता है तब यह अभागिन अन्धकार का प्रतिनिधित्व करती सी छाया लम्बी होने लगती है : किन्तु जब रस ही ओतप्रोत होता है, हम रसस्वरूप रहते हैं—(रसो वै सः) तब अन्धकार, यह छाया मानो प्रार्थना करती है कि इस रसनगरी में दो चरणों के सहारे मुझे भी रहने दो!"

राजे बेनू! मेरी सपन जानती है इस बात को कि अब जब से सूर्य-बिन्दु मध्याह्न पर है पूर्णतः आलोकित, जगमग, जाज्वल्यमान तब से छाया अब कभी भयभीत नहीं कर पाती—चरणों में लिपटी पड़ी है, अलकों में बँधकर पराजित है पहले जब रस का आवेग अपरिपक्व था तब कितनी भयावनी, कितनी मुखर लगती थी यह छाया!

But all the characters are not successful in achieving this. Some never try–always fear. Some never try with their full heart and they never fully assimilate it. But some face it fearlessly and win it, because they have known a great love, which gives them vision and courage to know, themselves. मैंने एक बार अपनी बेनुआ को आशीर्वाद दिया था—'आत्मानं विद्धि' और अपने को जानकर छाया का पराजित होकर अपने को बदल देना (वाल्मीकि का व्याध से महाकवि हो जाना)—अनिवार्य था—भयभीत बावरिया राधन का समस्त सृष्टि का अर्थ, शक्ति संकल्प बन जाना अनिवार्य था न!—

●●

दूसरा महत्त्वपूर्ण complex है PERSONA complex. यह shadow का बिल्कुल

उल्टा है। shadow तो हमारी वह negative dark side हैं जो अपरिष्कृत छूटी रह गयी है—पर persona हमारा वह रूप है जो हम अपने जीवन संघर्ष में कभी रक्षा के लिए कभी विकास के लिए आरोपित कर लेते हैं और फिर वह हमारे साथ ऐसा चिपक जाता है कि वह हानिकर हो जाता है।

Persona कहते हैं उस mask या चेहरा या मुखौटे को जो ग्रीक ड्रामों में लोग लगाकर अभिनय करते थे। अब भी जैसे रामलीला में कोई राक्षस का चेहरा लगाता है, कोई वानर का, कोई भालू का, कोई हनुमान का, कोई जटायु का।

हम सभी अपने जीवन को जीते समय कभी-न-कभी कोई ऐसा रूप धारण करते हैं जो हमें उस समय आवश्यक लगता है। चाहे वह स्वाभाविक और सहज न हो। सामान्य जीवन में रोज़ ऐसा होता है। हम दुखी हैं पर एक मेहमान आ गया तो जान-बूझकर एक प्रसन्नता स्वागत और शिष्टता का चेहरा लगा लेना पड़ता है। हम खूब हँस रहे हैं बहुत informal mood में हैं पर अगर कोई विद्यार्थी आ गया तो हमें गम्भीरता की मुद्रा धारण कर लेनी पड़ती है। ये सारे-के-सारे persona ज़रूरी होते हैं जीने की प्रक्रिया में—आजीविकागत होते हैं कुछ persona हम दूकानदार हैं तो ग्राहक पर चाहे जितना क्रोध आए पर एक विनम्रता और हँसमुखता का चेहरा बराबर लगाना पड़ता है। डॉक्टर को बराबर यह चेहरा लगाना पड़ता है कि मरीज़ से वह सहानुभूति से बोले, आशा दिलाए। पादरी को हमेशा यह चेहरा लगाना पड़ता है कि वह सीधे परमात्मा से सम्बद्ध है। सर्कस के जोकर को हमेशा हँसना-हँसाना पड़ता है वह भी उसका रोज़गारी चेहरा है। ऐसे चेहरे अपने आप भी आरोपित कर लेता है कभी-कभी व्यक्ति! मात्र अपनी श्रेष्ठता सिद्ध करने के लिए वे महिलाएँ जो दुनिया की हर चीज़ में दोष निकालने का चेहरा धारण कर लेती हैं। मात्र अपना स्वार्थ सिद्ध करने के लिए वे लोग जो दयनीयता का चेहरा बना लेते हैं। मात्र समाज में लोकप्रियता प्राप्त करने के लिए वे लोग जो अपने को बहुत funny साबित करना चाहते हैं हर समय कोई-न-कोई ऐसी बात कहने की कोशिश में रहते हैं जो funny लगे। परिहासपूर्ण लगे। कुछ लोग मात्र रोब जमाने के लिए एक गम्भीर चेहरा बना लेते हैं।

इस प्रकार हमारा व्यक्तित्व ये जो चेहरे धारण करता है, जीवन प्रक्रिया में कभी- न-कभी ये आवश्यक होते हैं लेकिन जुंग का कहना है कि स्वाभाविक रूप में इन चेहरों को बराबर चेहरा करके ही मानना चाहिए। और केवल आपद्धर्म के रूप में इन्हें कम से कम अवधि के लिए स्वीकार करना चाहिए। ख़तरा तब होता है जब लोग अपने द्वारा धारण किए गये इन नक़ली चेहरों को ही अपना वास्तविक रूप मानने लगते हैं या अपने वास्तविक रूप को इन चेहरों के द्वारा दब जाने देते हैं। जैसा वह कहता है—"If once a man starts identifying himself with the prsona, then things go wrong." ऐसा आदमी धीरे-धीरे अपने सहज व्यक्तित्व से वंचित होकर असन्तुलित हो जाता है और उसका व्यक्तित्व बहुत कृत्रिम और निष्फल बन जाता है। इसलिए यदि हम अपने सहज स्वधर्म को मारकर कोई चेहरा आरोपित भी कर लें और अपने को विश्वास भी दिला लें कि यह चेहरा ही वास्तविक है तो उससे हमारा व्यक्तित्व और भी कुंठित, असन्तुलित और कभी-कभी ख़तरनाक हो जाता है। इसके लिए जुंग ने दो उदाहरण दिए हैं। एक व्यक्तिगत चेहरे का एक जातिगत चेहरे का—

जुंग ने एक उदाहरण लिया है कि स्त्री है जिसके इकलौता पुत्र है। अब अपने उस पुत्र की रक्षा और लालन-पालन के लिए वह एक मानसिक मुखौटा लगा लेती है कि वही उसका प्राणाधार है—वह माँ ही उसे समझ सकती है, शेष सारा संसार उस बच्चे को कहीं नुक़सान न पहुँचा दे।—अब उस समय यह चेहरा वह धारण करती है जो अस्वाभाविक है क्योंकि जब बच्चा बड़ा होगा तो केवल माँ उसकी प्राणाधार नहीं रह सकती और न संसार उस बच्चे का दुश्मन हो यह आवश्यक ही है। लेकिन बच्चा बड़ा होता है और माँ उस धारण किए हुए मुखौटे को उतार नहीं पाती। परिणाम यह होता है कि माँ का व्यक्तित्व दिनोंदिन असन्तुलित होता जाता है—और जुंग के शब्दों में—"Such an unbalanced woman will hold her son with claws of iron; fight off any other woman in his life, or if she can not fight her off she will try her utmost to poision their relationship." जुंग यह कहता है कि इसमें माँ का कोई evil intention नहीं है। अगर evil inention होता तब बात शायद सरल होती—लेकिन स्थिति जुंग के अनुसार यह है कि—"The woman wholly identified herself with the Persona of the loving Moher, protecting her son from all the rest of the evil world, and consequently the loving mother is, on the other side, a ravening shewolf a devouring mother, who secretly consumes the one whom she loves."

यह तो एक व्यक्तिगत उदाहरण हुआ। इसमें उस स्त्री ने उस समय की आवश्यकता के अनुसार यह चेहरा धारण किया कि सारा संसार हमारे बच्चे के खिलाफ़ है हमी उसे बचा सकते हैं। पर अवचेतन में यह Persona complex बनकर उसके उस सहज व्यक्तित्व को दबाकर बिल्कुल कुंठित कर देता है, जो माँ का सहज धर्म है कि अपने बच्चे की खुशी में खुश होना। वह उस Persona को ही वास्तविक समझकर जिस उद्देश्य से वह चेहरा उसने धारण किया था उसी उद्देश्य का बिल्कुल उल्टा कार्य करने लगती है अर्थात सारी दुनिया में वही एक सबसे प्रबल शक्ति बन जाती है अपने बच्चे की प्रसन्नता को नष्ट करने के लिए।

लेकिन व्यक्तिगत जीवन के अलावा जुंग का कहना है कि कुछ जातीय

चेहरे—mask या community Persona भी होते हैं। जिसे एक जाति या देश के लोग आपद्धर्म के रूप में स्वीकारते हैं लेकिन बाद में वे उसे अपना वास्तविक स्वरूप मान लेते हैं तो उनका विकास अवरुद्ध हो जाता है। उदाहरण के लिए तू जानती है कि जब हमारे देश में बहुत से वेद विरोधी मतों का प्रचार हुआ और विधर्मियों के आक्रमण शुरू हुए तो हमारे हिन्दू आचार्यों ने जाति-पाँति, रोटी-बेटी, छुआछूत, समुद्र-यात्रा सबको बिल्कुल बाँधकर हम हिन्दुओं को एक conservative चेहरा लगा दिया। मूल में हमारा धर्म बहुत उदार और ग्रहणशील यहाँ तक कि बुद्ध को भी चौबीस अवतारों में गिना लेने वाला—लेकिन ऊपर से हमने एक चेहरा लगाया कि हम इतने अनुदार हैं कि म्लेच्छ की छाया भी पड़ जाए तो हमें स्नान करने की ज़रूरत है।

धीरे-धीरे हमने देखा कि यह जो conservetism, रूढ़ि पूजा का चेहरा हमने लगाया वह हम हिन्दुओं की आन्तरिक उदारता को बिल्कुल ध्वस्त करने लगा। फिर हम इतना जकड़ते गये कि ब्राह्मण खत्री की छाया से और खत्री वैश्य की छाया से भागने लगा और हिन्दू धर्म को हम जो integration देना चाहते थे, हुआ उसका बिल्कुल विपरीत—हिन्दू धर्म ह्रासोन्मुख और जर्जर हो गया।

जुंग का कहना है कि यह MASK या PERSONA हमारे वास्तविक चरित्र के विकास को अवरुद्ध और विकृत करता है। इसे ग्रहण करना तो जीवन प्रक्रिया में कभी-कभी ज़रूरी होता ही है पर इसे ग्रहण करते समय भी हमें सचेत रहना चाहिए कि हमारा आन्तरिक सहज रूप इससे भिन्न है और जब भी हमें लगे कि यह हमारे सहज रूप को कुंठित कर रहा है तो हमें इस चेहरे को उतार देना चाहिए—यथासम्भव इस प्रकार के चेहरे लगाने ही नहीं चाहिए—और लगाना आवश्यक हो जाता है जीवन-प्रक्रिया में तो उन्हीं को वास्तविक मानने की भूल तो करनी ही नहीं चाहिए।

राजे तू थक तो नहीं गयी। थक तो गयी होगी थोड़ा बहुत ज़रूर। असल में यह जुंग महोदय जो है न, बिल्कुल यथानाम तथा गुण हैं। बस इन्हें जुंग चढ़ गयी तो समझाते ही चले जा रहे हैं यह नहीं देखते कि इतनी देर हो गयी और R.B. अब थोड़ी-थोड़ी अलसाकर गोद में सर रखकर आँख मूँदकर डूबना चाहती है। आज तो इतनी अच्छी-अच्छी बातें पढ़ रहे हैं हम लोग कि अपने real अपने वास्तविक self, अपने सहज स्वधर्म जिसे बार-बार पहचान चुके हैं उसी से सम्बद्ध सारी बातें हैं...बस अब एक छोटी-सी बात और रह गयी है और वह भी बहुत रोचक है। वह है PARTICIPATION MYSTIQE.

इसका नाम बहुत भारी भरकम है, पर है यह बहुत जानी-पहचानी चीज़। SHADOW और PERSONA तो हर व्यक्ति के अपने निजी तत्त्व हैं पर यह तीसरी चीज उसके सामूहिक जीवन से आती है। हमारा एक निजी जीवन है पर हम उसे किसी-न-किसी समूह में जीते हैं। चाहे वह हमारा परिवार हो। चाहे जाति हो, चाहे बिरादरी हो, चाहे देश हो, चाहे हमारे अपने धर्म के लोग हों। हमारे अपने रोज़गार या समान रुचि के लोग हों। हमारी राजनीतिक पार्टी के लोग हों—पर हम उनके बीच में जीते हैं। वह समूह किसी विशेष स्थिति में विशेष रूप, धारणा, विचार बनाया करता है। कभी-कभी क्या होता है कि हमारा अपना निजी व्यक्तित्व अपना निजत्व खोकर उसी समूह के द्वारा प्रचारित धारणा, विचार या दृष्टि को ही अपनी मानने लगता है। कभी-कभी तो यह चेतन स्तर पर होता है पर कभी-कभी इसका स्वरूप बहुत जटिल होता है। हमारे समूह, परिवार, दल या देश की व्यापक धारणाएँ हमारे Psyche में अवचेतन रूप से पैठी रहती हैं और हम उनके प्रभाववश अक्सर ऐसे निर्णय लेते हैं या ऐसी बातें करते हैं या वैसे विचार व्यक्त करने लगते हैं या ऐसी बातें सोचने लगते हैं जो हमारा सहज निजी व्यक्तित्व नहीं सोचता वरन हमारे अवचेतन में बैठा समूह या परिवार या देश या दल हमें वैसा सोचने या व्यक्त करने को विवश करता है। इसी को जुंग ने PARTICIPATION MYSTIQE कहा है।

अपने स्वतन्त्र चरित्र विकास में यह complex भी SHADOW और PERSONA की ही भाँति अक्सर बाधक होता है। होता यह है कि हम समझते हैं कि यह बात हम अपने ढंग से सोच रहे हैं—या इस निर्णय पर हम अपने रास्ते से पहुँचे हैं—पर वस्तुतः हम उसी परिवार या देश या दल या धर्म,या जाति की परिधि में कोल्हू के बैल की तरह घूमते रहे हैं और जहाँ से आरम्भ किया था वापस घूमकर वहीं पहुँच जाते हैं। इसके लिए जुंग कहता है :

"PARTICIPATION MYSTIQE generally begins with the family. When the human being first comes into the world he spends the period of babyhood and early childhood is becoming conscious. His ego gradually takes shape. But it does not mean that he is becoming a human being fully in his own way. For many years, he remains, as it more, still like a baby in the family womb. Instead of taking his own way, he takes the way of his family. Instead of exercising his own judgment he fall back upon how the family will judge this mattter. The result is that instead of working his own unique experiment in being and realising his own true self–the man is submerged in the family or any other collective life."

जुंग का कहना है कि यह केवल family से ही उपजा complex नहीं है, यद्यपि family वाला complex सबसे ज्यादा शक्तिशाली अवरोधक तत्त्व होता है। लेकिन परिवार के अलावा स्कूल, कक्षा, दफ़्तर, धर्म, गोष्ठी, मित्र मंडली, जाति, क़बीला, भीड़, राष्ट्र, राजनीतिक दल ये सभी इस complex को पैदा करते हैं और हमारी जीवन प्रक्रिया को अपनी परिधि में जकड़कर अपने जैसा बनाने की चेष्टा करते हैं। यदि हमारा निजी व्यक्तित्व इस सामूहिक परिधि में बिल्कुल बँध गया तो उसके शब्दों में—we are no more MAN, we are the mass.

जुंग ने यह भी बताया है कि मानव व्यक्तित्व, चिन्तन, अनुभूति, कला और दर्शन सभी का विकास तभी हुआ हे जब प्रत्येक मनुष्य को अपने निजी व्यक्तित्व के विकास की पूरी सुविधा हो। लेकिन अक्सर ऐसा हुआ है कि कभी जाति ने, कभी परिवार ने, कभी क़बीले ने, कभी धर्म ने, कभी राष्ट्र ने, कभी संस्था ने अपनी सामूहिक उपलब्धि को प्रत्येक व्यक्ति पर अनावश्यक रूप से लादना ही चाहा है। ऐसी स्थिति में Mass Culture विकसित हुई है जो पहले शक्तिशाली दीखती है पर बाद में चूँकि उसके अन्दर के व्यक्ति अविकसित और अपरिपक्व रह जाते हैं अत: ऐसी संस्कृतियों का पतन हो गया है।

जिस परिवार ने इस सीमा तक PARTICIATION MYSTIQUE पर बल दिया कि बहन को ज़रूरी था कि वह सगे भाई से ही शादी करे ताकि परिवार के बाहर का कोई तत्त्व कण मात्र न आ पावे—उस मिश्र के राजवंश को कोई ठीक से अब जानता भी नहीं—जिस धर्म ने रूढ़ि पूजा चलाई वे धर्म मिट गये। हिटलर और मुसोलिनी ने फैसिज़्म और नाजीज़्म में व्यक्ति के निजी विकास को बिल्कुल समाप्त कर अपने शासन द्वारा निर्धारित साँचे में सारे राष्ट्र को ढालना चाहा, वे हार गये। जुंग का कहना है कि कम्यूनिज़्म भी यदि धीरे-धीर व्यक्ति के निजी विकास को स्वीकार करेगा तो बचेगा अन्यथा वह भी नष्ट हो जायगा—

अस्तु, तो यह Participation Mystique आखिरी वस्तु है जो व्यक्ति के character formation में मिथ्या अंश उपस्थित कर उसे बाधित करती है। वह अक्सर बहुत subtle होती है पर इसे भी उसी तरह समझकर उन्मूलित किया जा सकता है। पर इसे उन्मलित करने का अर्थ यह नहीं हैं कि व्यक्ति देश, या धर्म, या राष्ट्र, या समाज, या परिवार, या जाति का विरोध ही करे। नहीं—बल्कि इनके प्रति उसका रुख़ मानसिक दासता का न हो बल्कि बुद्धिसंगत दृष्टिकोण होना चाहिए। इनकी परिधि को, इनकी सीमा को यदि हम final अनुल्लंघनीय मानकर उसी में बँधे रहते हैं तो हम न केवल अपने व्यक्तित्व वरन पूरी मानवीय संस्कृति के विकास में बाधा पहुँचाते हैं। कट्टर परिवार, कट्टर देश, कट्टर धर्म और कट्टर दल मनुष्य के इतिहास में घातक सिद्ध हुए हैं सहायक नहीं—

देखा प्यार, एक बात बहुत दिलचस्प लगती है कि यह पश्चिम का मनोविज्ञान जो फ्रायड से शुरू हुआ था इस आग्रह के साथ कि मनुष्य मूलतः पशुधर्मी है—आहार, निद्रा भय और मैथुन से ही नियन्त्रित होता रहता है—वह फ्रायड के ही उत्तराधिकारी जुंग में आकर बिल्कुल बदल गया। देखा गया, सभी ने अनुभव किया कि फ्रायड का मनोविज्ञान मनुष्य के असंस्कृत self को चाहे explain कर ले पर मनुष्य के मनुष्यत्व को, उसके श्रेष्ठत्व को Explain नहीं कर पाता। लेकिन जुंग ने यह प्रयास किया। जुंग कहता है कि मनुष्य की जीवन-प्रक्रिया की चरमतम उपलब्धि है आत्मोपलब्धि अर्थात्—to be oneself—अर्थात् हम जो हैं वास्तव में उसे realize करें। इसके लिए उसने कहा कि हमारे अन्दर जो हमारा श्रेष्ठतम self है वह SHADOW, PERSONA और PARTICIPATION MYSTIQUE से आच्छादित रहता है। धीरे-धीरे हम प्रौढ़ता तभी पाते हैं जब अपने इन मिथ्या व्यक्तित्वों से मुक्त होकर अपने अन्दर निहित वास्तविक व्यक्तित्व का साक्षात्कार करते हैं। इस प्रक्रिया में दो अवस्थाएँ मानता है वह—Differenciation and Integration. Differenciation में हम अपने व्यक्तित्व में धागे की तरह लिपटे हुए SHADOW, PERSONA और PARTI. MISIQUE को अलग-अलग कर देते हैं और अपने वास्तविक रूप को उनसे पृथक करके देखते हैं। और फिर integration की अवस्था आती है जिसमें ये शेष तीनों प्रवृत्तियाँ पराजित हो चुकती हैं और हम उनसे नियन्त्रित न होकर मनमाने रूप में उन्हें नियन्त्रित कर अपने दैनिक जीवन में integrate कर लेते हैं।

राजे, यहाँ हम पाते हैं कि अन्त में पश्चिम का यान्त्रिक मनोविज्ञान, मनुष्य को पशुधर्मा मानने वाला मनोविज्ञान मानो अपनी सीमाओं से पराजित होकर अध्यात्म की ओर बढ़ने लगता है। वस्तुतः जुंग का यह बताया रास्ता प्राचीन और नवीन आत्म-साक्षात्कार के ही रास्ते की नयी परिभाषा मात्र है।—देख न गीता में तेरे कनु ने यही तो कहा है—सबसे पहले वे देखते हैं कि अर्जुन शस्त्र रखकर बैठ गया है। वह अपने स्वधर्म से विचलित हो रहा है और उसके मन में वही Participation Mystique बाधक हो रहा है—वह कहता है—

आचार्याः पितरः पुत्रास्त चैव पितामहाः च
मातुलः श्वसुराः पौत्राः श्यालाः सम्बन्धिनस्तथा॥

और तब कनु अपने मित्र को सबसे पहले यही समझाते हैं कि स्वधर्म का विकास बड़ी चीज़ है। उसमें कोई जीवित वस्तु विरोधी सिद्ध नहीं होती। जिन्हें तू अपने सामने विरोध में खड़ा देख रहा है किसी एक स्तर पर, नैतिक स्तर पर या आध्यात्मिक स्तर पर ये सब स्तर पर ये सब पहले ही मर चुके हैं जड़ हो चुके हैं। तू तो केवल यह पहचानेगा कि ये एक स्तर पर मृत हैं बस—

यही नहीं, वरन परिवार, मित्र, सम्बन्धी के अतिरिक्त भी अर्जुन के मन में जो मोह धर्म, शास्त्र, वेद, परम्परा के कारण उत्पन्न है उसके लिए भी गीता ने कहा है कि—भावानर्थ उदचाने सर्वत: सम्प्रभुतोदके तावान्सर्वेषु वेदेषु ब्राह्मणस्य विजाणत: ॥ अर्थात् जैसे भरे हुए सरोवर में से प्यासा मनुष्य केवल अपनी आवश्यकता के अनुसार ही जल लेता है, वैसे ही वेदों में से ज्ञानियों को अपनी आवश्यकता के अनुसार ही लेना चाहिए।

इस प्रकार अपने Particiation mystique के प्रति उसके मोह को दूर कर फिर वे उसे PERSONA से मुक्त करते हैं—यह Persona मनुष्य के सहज self को वैसे ही आवृत्त किये रहता है जैसे धुआँ अग्नि को, मैल दर्पण को, झिल्ली गर्भ को—धूम्रेनाव्रियते वह्रिर्यथादर्शो भलेन च, यथोल्बेनावृतो गर्भस्तथा तेनेदमावृतम् ॥

और जब इन दोनों से मुक्त हो जाता है वह तब अन्त में उसी की shadow से उसकी (पूर्ववासना) या उसके (पूर्व कर्म बन्धन) जो छाया की भाँति साथ चलते हैं उनसे भी कृष्ण उसे मुक्त करते हैं...

यह तो आज से हज़ारों वर्ष पहले की गीता कहती है और देख तेरे T.S. Eliot क्या कहते हैं—

In order to arrive there,
To arrive where you are, to get from where you are not,
you must go by a way where in there is no ecstasy.

अर्थात्—वहाँ (अपने सहज स्वरूप तक) पहुँचने के लिए, जहाँ तुम (अपने वास्तविक रूप में हो) वास्तव में हो, you have get away from where you are not—जिन बिन्दुओं पर तुम असल में नहीं हो (तुम्हारे छाया व्यक्तित्व तुम्हारे चेहरे, तुम्हारे सामूहिक कुसंस्कार) उन बिन्दुओं से तुम्हें हटना पड़ता है—और यह मिथ्या बिन्दुओं से हटकर वास्तविक बिन्दु तक पहुँचने की प्रक्रिया बहुत साधनापूर्ण है (उसमें केवल हल्के-फुल्के सुख नहीं हैं—no ecstasy)।

और जब हम अपने उस वास्तविक self को पहुँच जाते हैं तो वह बिन्दु अजीब होता है—वहाँ चरम स्थिरता भी होती है और निरन्तर नृत्य की लय भी—तूने कल के ख़त में कुन्नो को लिखा ही है न कि मन अब अजब स्तर पर जी रहा है स्थिरता और dancing की लय—देख तेरा T.S. Eliot क्या कहता है—

...At the Still point, there the dance is,
But neither the arrest nor the movement. And do not call it fixity,
where past and future are gathered...Except for the point the still point.
there would be no dance, and there is the only dance.

हाँ मेरे प्यार, यही अपने स्वधर्म अपने वास्तविक रूप को पा लेने का बिन्दु है जहाँ एक गहन स्थिरता है (स्थिरता, जड़ता नहीं) और पल-पल चंचल नृत्य है उल्लास का, संसार के समस्त सौन्दर्यों का, उपभोगों का, और गहन स्थिरता है एकात्म्य की।

और T.S. Eliot का यह अलौकिक 'नृत्य और स्थिरता' की समन्वित स्थिति क्या उस रास की स्थिति है जो तूने जमुना तट पर किया था—

शुक्रवार : 21 अगस्त '59, 5 बजे प्रात:

नींद खुल गयी है उसी साधु के झाँझ और गीत से। इतने दिनों से उसे सुनते आ रहे हैं। आज पहला दिन था कि उसका स्वर अकेला था। पता नहीं कहाँ था आज उसका साथी। वे दोनों साथ थे तो उनका स्वर पूजानत, मधुर और गूँजता हुआ-सा होता था। आज वह अकेला था तो इतनी ज़ोर से गा रहा था कि स्वर फट रहे थे और यह नहीं लग रहा था कि प्रार्थना के मन्द स्वरों में वह अपने मन की मधुराई किसी तक (भगवान तक) पहुँचाने की चेष्टा कर रहा है—वरन ऐसा लग रहा था कि सुबह मुँह अँधेरे के सन्नाटे में नितान्त अकेले चलते हुए उसे डर लग रहा है और ज़ोर-ज़ोर से गाते हुए वह स्वरों से ही अपने चारों ओर के सूनेपन और सन्नाटे को भरकर अपने को बहलावा देना चाहता है कि वह अकेला नहीं है—और जितने ज़ोर से गाता है उतनी ही ज़ोर से उसका सन्नाटापन उसे अजगर की तरह और चारों ओर से जकड़ता जा रहा है और उसके स्वर पूजा के न रहकर भयार्त स्वर बन गये हैं। सूनेपन, एकाकीपन से आहत, टूटे हुए, चोट खाये हुए उसके स्वर दूर से आते हुए घर के सामने से निकल गये। छोड़ गये एक बेचैनी। मैं उठा तो मन जैसे अशान्त-सा हो चुका था। पानी कल से खुल चुका है। आसमान साफ़ है। हवा में ठंडक है और खुश्की जैसे क्वार कार्तिक की। पीपल के पत्ते मन्द मरमर करते डोल रहे हैं और पश्चिम की खिड़की से चाँदनी का एक चौकोर टुकड़ा कालीन पर बिछा हुआ था। बेहद तेज़ चाँदनी है। और बच्चन की वे पंक्तियाँ याद आ गयीं—"दे रही कितनी दिलासा, आ झरोखे से ज़रा सा, चाँदनी पिछले पहर की पास में जो सो गयी है। रात आधी हो गयी है।"

इन सबों में और मुझमें एक मौलिक अन्तर है। चोट खाकर इन सबों का मन मुखर हो उठता है—गायन में चीख-चीखकर वे अपने अकेलेपन को भुलाना चाहते हैं—मैं—मेरा मन अकेलेपन में, चोट खाया हुआ-सा चुप हो जाता है, बिल्कुल चुप, उसके बाद उसे घोंटकर मार डालो पर उसके मुँह से आवाज़ नहीं निकल सकती।

लो आज तो कोयल बोल रही है। वाह, सावन-भादों में वसन्त!

पाँवों का जो हाल था कल तुम्हें लिख चुके हैं। अभी महज आजमाने के लिए नीचे गये कि दर्द तो इस समय नहीं है पर देखें और क्या हाल है? तो मज़ेदार हाल

था। सीढ़ी से उतरा नहीं जा रहा था। पाँवों में जान नहीं थी। अभी से यह हाल है तो दिन का तो अल्लाह ही मालिक है। परसों प्रतापगढ़ गये थे तो कुछ नहीं खाया था—शाम को बनारस में खाया, फिर कल दिन भर का फ़ाक़ा। कल शाम तो एक विमटो पिया, एक कोकाकोला पिया कि शायद भूख लगे––मगर कल दिन भर के फ़ाक़े के बाद अभी सुबह भी वही हाल। अच्छा है वैसे। शायद फ़ाक़े से हल्कापन रहे तो दर्द न हो!

हटाओ, जी, बोलो तुमने क्या-क्या किया कल पहुँचकर। टैक्सी वगैरह मिल गयी या रामपुरिया से गाड़ी मँगवानी पड़ी। फिर पीछे कालेज गयीं या घर। महेश का पहला दिन कलकत्ते में कैसा बीता? वह पहले कभी कलकत्ते गया था या नहीं? देखो उसकी हिम्मत बराबर बँधाए रहना। अजब सी unbalanced होती है यह उम्र! वह तुझे इतना प्यार करता है तो तू अभी से उसको खूब भले संस्कार देती चल। हाँ, उसे sports का शौक़ है न! मैंने सुना है कलकत्ते में आये दिन match होते रहते हैं। घुड़दौड़ भी होती हैं। छौनू को तो तुमने कभी नहीं दिखाये, लेकिन महेश को श्याम के साथ भेज देना। निरामय यदि इतवार को खुला रहता हो तो उस दिन उसे दिखला दो और 26-27 को जन्माष्टमी की छुट्टियाँ हैं उस दिन जाकर रिपोर्ट ले लो और डॉ. मुकर्जी को दिखा दो। यदि ज़रा भी थकान महसूस करती हो तो मुझे तार दे देना मैं आकर यह सब करा दूँगा। अब कलकत्ते का इतना ज्ञान तो है ही। सड़कें वग़ैरह तो तुझसे कहीं ज़्यादा मुझे याद रहती हैं।

अच्छा सुन, कल अल्टीमेट के अल्टीमेटम को एक पोस्टकार्ड डाला है। उनसे उनका हालचाल, घर का सारा हालचाल पूछा है। चाहता था उन्हें लिख दूँ कि आप बाहर कहीं चलना चाहें तो आइये—लेकिन पाँव का यही हाल रहा तो फिर छुट्टी लेकर मैं अपने घर ही आना चाहूँगा। और कहीं जा भी तो नहीं सकता। यही सोचकर उन्हें वह बात नहीं लिखी। हाँ, पिताजी को कान्ता क्या जवाब दे इसके लिए तुमने कुछ नहीं बताया है। तुरन्त एक छोटा-सा ड्राफ्ट-सा बनाकर भेज दो। जो तुम कहोगी वही लिख देंगे। मालती के ख़त का कोई जवाब नहीं दे रहे हैं। यही तुम उचित समझती हो न? दादा के ख़त का कोई जवाब अभी दोगी? यदि ठीक समझो तो एक छोटे से उत्तर का draft भेज दो। फिर उसे देख लेंगे और उसे कलकत्ते से ही भेज देंगे। या इधर समय न निकल पाये तो चिन्ता मत करना। फिर कभी इकट्ठे बैठेंगे तो लिख देंगे।

राखी पाकर बड़े भाई साहब का कोई ख़त आया? पद्मा की राखी और लल्लन का पत्र तो कल आकर मिला। लल्लन ने लिखा है कि पद्मा को Twins हुए हैं (Double exposure वाली बात सोचकर हँसी आ रही है, पर जिज्जी से भला मजाक़ की जाती है कहीं?) अभी बहुत तबीयत ख़राब है, दो एक दिन बाद उन्हें

जवाब दूँगा। शान्ती को कान्ता ही लिख देंगीं।

'कनुप्रिया' पर एक रिव्यू 'धर्मयुग' में निकला है। उसकी प्रति भेज रहे हैं।

7 A.M.

इतना लिखने के बाद फिर काफ़ी पाँव दबवाए और तब फिर लिखने बैठा हूँ। (ये बेहद सुस्त हैं—इसलिए वे बोल रहे हैं और मैं लिख रही हूँ) आज हम लोगों की पढ़ाई का दिन है—सम्भव है तू थकी हुई हो लेकिन फिर भी आओ थोड़ा बहुत पढ़ लें, ज़्यादा strain तुझ पर नहीं डालेंगे। वैसे अब character types के सिद्धान्त के सम्बन्ध में सिर्फ एक बात रह गयी है जिसे आज तू समझ ले इसके बाद इसका सिद्धान्त पक्ष लगभग समाप्त हो जाएगा और फिर साहित्य में इसका प्रतिफलन कैसे हुआ है, इस पर बातचीत करेंगे। अभी तक हम लोगों ने दो बातों पर विचार किया है पहली तो यह कि Extrovert और Introvert कितने प्रकार के चरित्र वास्तविक जीवन में पाये जाते हैं और दूसरी बात यह कि उनमें से प्रत्येक व्यक्ति के चरित्र में भी किस प्रकार उसके वास्तविक 'Self' के साथ shadow, Persona और Participation mystique के सूत्र बारीकी से गुँथे रहते हैं। या तो वे सूत्र उसके वास्तविक self को पराजित कर देते हैं या उसका वास्तविक self धीरे-धीरे इन सूत्रों से अपने को पृथक कर अपने को स्थापित करता है। और अपना साक्षात्कार करता है। यह सब तो प्रत्येक व्यक्ति की मनोवैज्ञानिक प्रकृति और उसके वास्तविक व्यक्तित्व के साथ जुड़े हुए मिथ्या अनुपयोगी छाया-तत्त्वों का अध्ययन हुआ लेकिन जुंग ने—जहाँ तक साहित्य, धर्म, दर्शन, कला और संस्कृति का सम्बन्ध है—एक और प्रकार के चरित्र बताये हैं। उन्हें वह archetype image कहता है।

ये archetype images वास्तविक जीवन में नहीं होते लेकिन साहित्य, कला और संस्कृति में मनुष्य का मन अनादि काल से इनकी अवधारणा और कल्पना करता चला आ रहा है। क्यों उसने अनादि काल से ऐसे चरित्रों की कल्पना की है यह नहीं कहा जा सकता। लेकिन मनुष्य के इस सामूहिक अवचेतन में ये चरित्र उतने ही सजीव हैं जितने कि वास्तविक जीवन के जीते-जागते हुए लोग। और समय-समय पर ये प्रत्येक युग में साहित्य, कला और संस्कृति में विभिन्न रूपों में प्रगट होते रहते हैं। उदाहरण के लिए जैसे एक वीर नायक की कल्पना है अर्थात् एक ऐसा व्यक्ति जो असीम बलशाली है किसी भी विघ्न-बाधा से पराजित होना नहीं जानता, थकता नहीं, जिसमें कभी-कभी अलौकिक बल और सिद्धियाँ भी होती हैं। जो किसी जाति या कबीले या देश का नायक होता है और जिसे अपने व्यक्तिगत दुख-सुख की कोई चिन्ता नहीं होती, जो दिन-रात किसी देश या जाति को बचाने के लिए रात-दिन तत्पर रहता है। ऐसा वीर नायक वास्तव में न होता है और न हो सकता है

लेकिन आदिम युग में लगता है कि जब छोटे-छोटे क़बीलों में मनुष्यता विभाजित थी तब पारस्परिक संघर्ष हुआ करते थे और जो क़बीला दूसरे को पराजित कर देता था या तो उसे मारकर खा जाता था या उसे गुलाम बना लेता था। ऐसी हालत में कबीले वाले सदा डरे हुए रहते थे और अपने उस भय को मिटाने के लिए और अपने में आत्मविश्वास पैदा करने के लिए वे अपने कबीले के सरदार को ऐसे वीर नायक के रूप में परिकल्पित कर लेते थे जिसमें दिव्य शक्तियाँ होती हैं और जो किसी-न-किसी प्रकार उन्हें दूसरे क़बीलों से पराजित होने से बचा सकता है। आदिम युग से आज तक जब भी मनुष्य पर सामूहिक संकट आये हैं तब मनुष्य ने आदिम युग से आती हुई वीर नायक की कल्पना का आश्रय लिया है। या तो पुराने इतिहास में से ऐसे जातीय नायकों को स्मरण करके उनमें अलौकिक शक्तियाँ चित्रित कर खोया हुआ आत्मविश्वास पाने की चेष्टा की है या वर्तमान व्यक्तियों में से ही किसी एक पर वीर नायक के ये सारे गुण आरोपित करने की चेष्टा की है। मुग़लकाल में इसके दो अत्यन्त रोचक उदाहरण मिलते हैं। अकबर के समय में ही तुलसीदास ने राम को स्मरण किया, उन्हें मर्यादा अवतार माना, असुरों से रक्षा करने वाला, समुद्र पर सेतु बना देनेवाला तथा साधनहीन होकर भी रावण को पराजित करने वाला चित्रित किया। यह दिखलाया कि यह राम अद्वितीय है, अपराजेय हैं उनमें कोई अवगुण नहीं, कोई कलंक नहीं। यह तो इस बात का उदाहरण है कि किस प्रकार संकट के समय एक पुराने ऐतिहासिक चरित्र को स्मरण कर उसमें वीरनायक के सारे गुण आरोपित किये गये। दूसरी ओर उसी अकबर और तुलसीदास के समय में राणा प्रताप का उदाहरण मिलता है। उस समय राजस्थान के सारे भील लोग राणा प्रताप के साथ थे और उनके जो लोकगीत आज तक प्रचलित हैं उनमें राणा प्रताप को एक दिव्य पुरुष माना गया है जो अदृश्य हो सकते हैं, लघुरूप धारण कर अकबर के महलों में घुसकर उसको अपमानित कर सकते हैं और फिर आगरे में उसकी तमाम सेनाओं को पराजित कर बिना एक भी ज़ख्म खाए हुए चले आते हैं आदि-आदि...।

यह तो archetype image का एक उदाहरण मात्र हुआ। ऐसे ही बहुत से उदाहरण मिलते हैं। तू पहले वाले character types से इन archetype का अन्तर समझ गयी है न! पहले वाले character types वास्तविक मानवीय चरित्र होते हैं जिनमें सचेतन (conscious) स्तर पर Thinking, sensation, feeling और Intuition की प्रक्रिया घटित होती है तथा अचेतन या अर्द्धचेतन स्तर पर shadow, persona और Part. Myst. की मनोवैज्ञानिक प्रक्रियाएँ चलती रहती हैं। लेकिन ये archetypes मनुष्य की सामूहिक अवचेतन (collective unconscious) की उपज हैं। और हर युग में साहित्य, कला और दर्शन में अपने को विभिन्न रूपों में व्यक्त करते रहते हैं। परिस्थिति और सन्दर्भ के अनुसार इन arche types का बाहरी रूप-रंग बदल जाए

लेकिन इनका आन्तरिक स्वरूप और मौलिक प्रकृति वही रहती है।

ये archetypes कई होते हैं। उनमें से चार archetypes ऐसे हैं जिन्हें जुंग ने साहित्य, कला और धर्म में बहुत बार व्यक्त होते हुए पाया है। समस्त संसार के साहित्य और धर्म दर्शन में ये archetypesविविध रूपों में व्यक्त हुए हैं लेकिन इनकी आन्तरिक प्रकृति और इनसे सम्बन्धित कल्पनाएँ आश्चर्यजनक रूप से समान रही हैं। ये चार archetypes निम्नलिखित हैं—1. The wise oldman, 2. Magna mater, 3. The miraculous child, 4. The hero saviour.

व्यक्तिगत मनुष्यों के सपनों में, पुराणों में, लोकगाथाओं में, धर्म सम्प्रदायों में, बराबर एक ऐसे व्यक्ति की कल्पना की जाती रही जो अत्यन्त वृद्ध है और ज्ञानी है। उसके हाथ में संसार के समस्त रहस्यों की कुंजी है और वह दृष्टा है समस्त संसार को जो नहीं दीखता वह सब उसे दीखता है। वह त्रिकालदर्शी है। साहित्य में, धर्म में, लोकगाथाओं में इतिहास में यह archetype विभिन्न रूपों में व्यक्त होता रहता है। कभी सृष्टि के निर्माता वृद्ध ब्रह्मा के रूप में, कभी संसार के शासक, आकाश के निवासी वृद्ध Zeus के रूप में, कभी किसी ऋषि, साधक, सिद्ध पुरोहित या पैगम्बर के रूप में, कभी किसी रहस्यमय वृद्ध जादूगर के रूप में यह archetype संसार के साहित्य में चरित्र के रूप में अवतरित होता रहता है। यह व्यक्ति स्वत: कार्य नहीं करता केवल दूसरों को निर्देशित करता है और संकट के समय में व्यक्ति और जाति दोनों ही उस archetype की ओर आशा से देखते हैं। कभी-कभी यह archetype संसार के संकट में अपराधी पक्ष की ओर भी रहता है लेकिन वह अपने ज्ञान के नेत्रों से सब कुछ देखता रहता है अगर उसके साथी भ्रम में भी हों तो वह भ्रम में नहीं रहता। 'रामायण' में विश्वामित्र और वशिष्ठ और भारद्वाज उन्हीं wise old man की तरह हैं जो स्वयं घटनाओं में भाग नहीं ले रहे हैं लेकिन राम के पक्ष में हैं और उनका समस्त मर्म जानते हैं। दूसरी ओर 'महाभारत' के भीष्म उन wise old man में हैं जो यद्यपि कौरवों के पक्ष में हैं लेकिन अपने ज्ञान नेत्र से कौरवों की पराजय अच्छी तरह जानते हैं तथा मन से पांडवों के प्रति उनकी शुभकामना है। wise old man का यह archetype वास्तव में मनुष्य जाति के संचित ज्ञान का प्रतीक है। सिद्ध साहित्य में कबीर पन्थ, धर्म सम्प्रदाय तथा निरंजन पन्थ आदि के बारे में पढ़ते हुए तूने काल पुरुष, आदि पुरुष, सत्य पुरुष, काल निरंजन आदि की कल्पनाएँ पढ़ीं थीं—उन सभी कल्पनाओं में यह माना गया है कि कोई ऐसा पुरुष है जो त्रिकाल दर्शी है और अनादि काल से चला आ रहा है वही प्रभु का भी प्रतीक माना गया है और गुरु का भी। ये सभी कल्पनाएँ wise old man के ही विभिन्न रूप हैं। वृद्ध व्यास की कल्पना, वृद्ध वाल्मीकि की कल्पना इसी archetype का प्रतिरूप है। 'मुद्राराक्षस' नामक नाटक में चाणक्य की कल्पना तथा शेक्सपीयर के 'Tempest' में प्रोसपरो

(Prospero) की कल्पना भी इसी archetype के अन्तर्गत आती हैं।

दूसरा archetype है Magna mater। इसकी कल्पना किसी ऐसी महान स्त्री की कल्पना है ज़ो देवी है, माता है, जगतजननी है, आदि शक्ति है, महिमामयी है, रहस्यमयी है। काली, दुर्गा, भवानी, शीतला, सती तथा मिस्त्र की Isis, यूनान की Diana, ईसाई मज़हब की Vergin Mary (धरती माता और भारत माता आदि की कल्पना इसी archetype के अन्तर्गत आते हैं) यह मातृशक्ति ज्ञान का प्रतीक नहीं होती, बल्कि भावनात्मक शक्ति का प्रतीक होती है। हमारी आदिम भावावेश की शक्तियाँ इसमें प्रतिफलित होती हैं। या तो वह काली और दुर्गा की भाँति अमित शक्तिशाली, क्षमाशीला और संहारकारिणी होती है या Vergin Mary की तरह अमित करुणामयी और संहारकारिणी होती है या सती की तरह अपने पति के गौरव के प्रति अमित निष्ठामयी, बलिदानमयी और आत्मसमर्पणशीला होती है। कभी-कभी शीतला मैय्या की भाँति उसकी कल्पना अन्धनिष्ठुरता के आधार पर भी की गयी है। वह ज्ञान का प्रतीक तो नहीं होती लेकिन अक्सर उसके प्रसाद, वरदान, या निर्देशन स्वरूप मनुष्य को ज्ञान, और परम तत्त्व की उपलब्धि होती है। कभी-कभी वह जाति की सामूहिक शक्ति की प्रतीक होती है (जैसे भारत माता की कल्पना) यह arche type भी साहित्य में अक्सर अलौकिक देवियों के रूप में और कभी-कभी नायिकाओं के रूप में भी अवतरित होता है।

तीसरा arche type है Miraculous child का। यह कवि कल्पना में तथा धार्मिक कल्पनाओं में अक्सर नये भविष्य या नयी संभावना या मनुष्य की निष्कलुष अबोध चेतना के प्रतीक में आता है। भारतीय संस्कृति में बालयोगी शिव की कल्पना, कृष्ण के बालरूप की कल्पना, प्रलय के बाद वट-पत्र पर सोने वाले शिशु रूप नारायण की कल्पना तथा क्रिश्चियन धर्म में शिशु ईशू की कल्पना इसी प्रकार की archetype की कल्पना है। ऐसी कल्पनाओं में ऐसा पाया जाता है कि यह शिशु छोटा है तथा असहाय भी है। संहारक शक्तियाँ उसका विनाश भी करना चाहती है पर अन्त में वह नष्ट नहीं होता क्योंकि वह संकट, निराशा, प्रलय और अन्धकार में से नये भविष्य का प्रतीक होता है।

चौथा प्रकार Hero Saviour या वीर नायक का होता है। वीर नायक की कल्पना पर पहले विचार कर चुके हैं। वीर नायक में और wise old man में एक अन्तर होता है। wise old man ज्ञानवान होता है। उसके पास सभी रहस्यो की कुंजी होती है लेकिन वह स्वयं किसी कार्य में प्रवृत्त नहीं होता। जबकि Hero Saviour प्रमुखतः कर्मनिष्ठ होता है। अक्सर पुराणों में दोनों एक-दूसरे के पूरक रूप में एक साथ आते हैं। उदाहरण के लिए विश्वामित्र और राम इन दोनों में विश्वामित्र वृद्ध हैं,

ज्ञानवान है किन्तु राम कर्मनिष्ठ हैं असुरों का संहार करते हैं। उस अवस्था में उन्हें दृष्टि विश्वामित्र से मिलती है, कर्म वे स्वयं करते हैं। इसी प्रकार का दूसरा जोड़ा जामवन्त और हनुमान का है--हनुमान कर्मनिष्ठ हैं किन्तु जामवन्त ज्ञानी और दृष्टा है। वीर नायक की कल्पना का आरोपण कभी-कभी आधुनिक जीवित चरित्रों पर भी कैसे किया जाता है इस पर हम विचार कर चुके हैं।

ये चार archetype उसने प्रमुख माने हैं—होते और भी बहुत से हैं पर वे उतने व्यापक नहीं है। और काव्य में अधिकतर यही चार archetypes बार-बार अपने को दोहराते हैं।

Baby इन archetypes को जान लेने के बाद अब character types के सिद्धान्तों से तुझे कुछ नहीं जानना है। आओ अभी तक जितना हम पढ़ चुके हैं और उसके सारांश पर विचार कर लें। हमने फ्रायड और जुंग के approaches में क्या अन्तर है यहाँ से बात प्रारम्भ की थी और यह पाया था कि जुंग का दृष्टिकोण अधिक व्यापक अधिक स्वाभाविक और अधिक गहरा है। वह sex की जगह Libido तथा Personal unconscious के साथ-साथ collective unconscious के सिद्धान्त में विश्वास करता है। फिर हमने यह विचार किया था कि वह Thinkikng, Feeling, Sensation और Intuition के आधार पर लगभग 48 प्रकार के चरित्र मानता है। इतनी बात हम लोगों ने पहले दो पत्रों में पढ़ी थी। पिछले पत्र में जो तुझे यहीं दिया था उसमें यह विचार किया था कि इन 48 प्रकार के चरित्रों में से सभी के self में अवचेतन स्तर पर Shadow, Persona तथा Par. Myst. के तत्त्व होते हैं। और इनसे मुक्त होकर ही व्यक्ति अपने वास्तविक self को उभार पाता है तथा आत्मस्वरूप का साक्षात्कार कर सन्तुलित हो पाता है।

इसके बाद मनुष्य जाति के collective unconscious में से उभरकर आने वाले ये arche types दूसरे प्रकार के चरित्र प्रकार हैं। वो वास्तविक जगत में नहीं होते हमारी परम्परागत सामूहिक कल्पना में विद्यमान रहे हैं और जिनकी कल्पना या आरोपण कवि या लेखक कभी-कभी अपने जीवित व्यक्तियों पर देते हैं। ये साहित्य, कला तथा धर्म के क्षेत्र में परिकल्पित चरित्र हैं।

लो राजे! तुम्हारी Thesis का पहला प्रारम्भिक अध्याय समाप्त हो गया। इसे यदि तुम चाहो तो अक्टूबर की छुट्टियों में हम लोग किताबें लेते चलेंगे उनकी मदद से तुम पूरा-का-पूरा लिख सकती हो। पिछले विषय में हम लोगों ने पहले पूरी Thesis की Synopsis बना ली थी लेकिन इस विषय में मैं एक अध्ययन की रूपरेखा बनाते चलना ज़्यादा पसन्द करूँगा। मान ले कि तेरे इस अध्याय का शीर्षक है—'चरित्र प्रकार : सिद्धान्त और वर्गीकरण'।

अब इस अध्याय में तू कौन-कौन से point उठाएगी, किस क्रम से उठाएगी

और उन सबके उपशीर्षक क्या होंगे इसकी synopsis बनाकर भेज। सिद्ध साहित्य के प्रारम्भ में विषय-सूची दी हुई है उसमें हर अध्याय की विस्तृत रूपरेखा उपशीर्षकों सहित दी हुई है। वैसी ही रूपरेखा बनाकर भेजो क्योंकि अब इस अध्याय के विषय में तुझे कोई नयी बात नहीं जाननी है।

इस पहले अध्याय के लिख लेने के बाद जिस विधि से तुम्हें कवियों और उनके ग्रन्थों की लिस्ट बनानी है तथा उनमें से जो पात्र चुनने हैं उसका संकेत पहले वाले ख़तों में मैं कर चुका हूँ। वैसे जब तू मुझे कलकत्ते बुलाएगी तो वहाँ उन मूर्खाचार्य श्री कृष्णाचार्य की मदद से वो काम मैं दो-तीन दिन में कर दूँगा (कवियों और ग्रन्थों की लिस्ट बनाने का) उनको पढ़कर पात्र छाँटने और वर्गीकृत करने का काम तुम करती रहना।

अच्छा अब जल्दी से पिछले तीनों पत्र तथा इस पत्र को पढ़कर जो कठिनाइयाँ तेरे मन में रह गयी हों उनको लिख भेज क्योंकि अब जुंग के सिद्धान्त से हटकर एक दूसरे approach से अगले हफ़्ते से बात शुरू करनी है। राजे सब समझ में आ गया है न! देखो आज इतनी तकलीफ़ थी, इतनी कमज़ोरी महसूस हो रही है कि ख़ुद तुझे नहीं लिख सका university भी नहीं गया क्योंकि आज तबियत बहुत सुस्त और depressed है। कल रात भी खाना नहीं खा पाया और आज भी सबेरे से केवल दो प्याले चाय पी। टोस्ट तक नहीं खाया गया। फिर भी राजे हमने पढ़ाई-लिखाई का काम बन्द नहीं किया, ख़ुद ज़रूर नहीं पढ़ पाये। कल रात एक किताब लेकर लेटे तो थकान-सी आ गयी लेकिन आज शाम को सोचते हैं ज़रूर पढ़ेंगे। तुम चिन्ता मत करना। इस हफ़्ते तुम इन ख़तों को दोहराकर जो कठिनाइयाँ हों—उन्हें लिख भेजो उसके बाद आगे का काम करेंगे।

FRIDAY, 28th AUGUST, '59, 2. P.M.

S.R. आज मैं सचमुच तुमसे नाराज़ हूँ। आज शुक्रवार है, तुम्हारी पढ़ाई का दिन, तुमसे कितना आग्रहपूर्वक यह लिखा था कि तुम अपने पिछले चारों ख़त पढ़कर उन पर अपने प्रश्न और एक Tentative Synopsis ज़रूर भेज देना। तुम इतवार को तो बहुत शिथिल पड़ी रहीं, कोई प्रश्न नहीं था कुछ लिखने-पढ़ने का, सोमवार को तुमने इतवारवाला ख़त छोड़ा और उस दिन शायद busy रहीं X-ray आदि में। मंगल को सुबह वाला तुम्हारा ख़त जिसमें तुमने बुलाया और अपना गद्दा वगैरह मँगाया और bank account की बात पूछी, वह ख़त कल सुबह आया मगर उसमें पढ़ाई-लिखाई की कोई बात नहीं। बुध का ख़त आज शुक्र की सुबह की डाक से आया नहीं, अगर वह शाम की डाक से आये भी और उसमें synopsis हो भी तो आज उसका उत्तर कैसे जा सकेगा? इतना गुस्सा आ रहा है कि रजिस्टर वगैरह फेंककर चला जाऊँ। किसी को क्या मालूम कि 18 ता. की दोपहर से आज 11वाँ दिन है मुझे कितनी यन्त्रणा है पाँवों में। आज तो यह हाल है राज कि एड़ी फर्श पर रखी नहीं जाती। पिछले हफ़्ते आज के दिन यह हाल था कि हाथ में क़लम नहीं पकड़ी जाती थी तो कान्ता से लिखवाया था। पर तुम्हारी synopsis आदि न मिलना समझ में नहीं आ रहा है कि आगे की बात कैसे उठाऊँ। जब इतने पाँव के भयानक दर्द में आ ही गये तो बिना तुम्हें पढ़ाए जाएँ कैसे?

दूसरे, चित्त भी बँटा हुआ है। पता नहीं X-ray रिपोर्ट में तुम्हारी और महेश की क्या report आयी। पता नहीं क्यों मन में चिन्ता नहीं है इस बार। जब वैसी हालत थी तब तो हमारे प्यार ने एक-दूसरे को फूलों की तरह सहेज लिया, अब क्या। अब तो जल्दी-से-जल्दी पहाड़ चलकर आराम करना ही है। यह भी मेरा दावा है कि तेरे छौनुए के तेरे पास पहुँचते ही तुझे temperature नहीं रह सकता, नहीं रह सकता, नहीं रह सकता। मैंने अपने कल के पत्र में तुझे लिखा है कि मेरा पत्र पाते ही तू शनिवार को किसी समय एक ordinary तार करा दे—DOCTOR ADVISES RECHECKUP.

COME FOR WEEK RAJE. तो उस तार के साथ मैं medical leave की अर्ज़ी सोमवार को दे दूँ और इन्तज़ाम करके आ जाएँ हम। यदि तुझे मेरा बुध की रात

और बृहस्पति की दोपहर का लिखा कल कालका पर छोड़ा ख़त मिल गया होगा, तो सम्भव है कि तू इस ख़त के पहले यह तार करा चुकी हो। बैंक account के लिए भी तुझे लिखा है कि चिन्ता की बात नहीं है, आकर तुझे हिसाब समझाऊँगा। यह ज़रूर है कि इन पुराने बिलों को निबटाकर Bill System बन्द कर देना पड़ेगा—लेकिन यह भी ज़रूरी है कि यहाँ केवल कामचलाऊ रुपया रखकर बाक़ी रुपया कलकत्ते के bank account में रहेगा तभी काम चल सकेगा—यहाँ बचत हो सकना मुश्किल है। ख़ैर आगे भी bills के लिए जो रुपया है उसका भी हिसाब आकर बताएँगे तुम्हें। नहीं किसी से माँग नहीं रहे हैं, इतना निश्चिन्त रहो।

तूने लिखा था अपने मंगल की सुबह वाले ख़त में कि बुध को जन्माष्टमी है—तेरा Lucky day और R.B. के स्वामी का जन्मदिन—तूने लिखा था कि R.B. को बुलाकर ख़त लिखवाएगी। आज अभी तक तेरा बुध का ख़त नहीं मिला है तो मन बड़ा बेचैन सा है—उसमें शायद R.B. को ख़त, X-ray report, Synopsis आदि हों—मेरा तो जन्माष्टमी का सारा दिन बेहद तक़लीफ़ में गुज़रा। इतना तीखा दर्द कम हआ करता है मुझको जितना उस दिन था। दिन में कान्ता ने मेरे दर्द से घबराकर तुझे एक चिट्ठी लिखी थी कि छौनुए को बुला लो, ज़रूर बुला लो—फिर शाम को तेरा रविवार वाला पत्र मिला जिसमें temperature की बात थी और बुलाने की बात थी तो वह ख़त नहीं छोड़ा—रात को 12 बजे तक मैं वह ख़त कान्ता से लिखवाता रहा जिसे कल दोपहर में पूरा कर शाम को कालका पर छोड़ा।

राजे, कितने दिन हो गये हम लोगों ने अपनी 9 साथ नहीं मनाई। अभी कैलेंडर देख रहा था—9 इस बार तेरे lucky day पर पड़ रही है बुध को। इस बार साथ मनाएँगे। शान्त, पूजामयी, गम्भीर, विश्रामपूर्ण, आत्मचिन्तनमयी—दृढ़, निष्ठावान और पावन—अगर तू चल सकी तो गाँधीघाट चलेंगे। नहीं तो जहाँ मेरे गुलाब हैं वहीं गंगा है—

अच्छा अब एक प्राइवेट घरेलू बात करनी है। बहुत ज़रूरी। देखो महेश को अगर liver trouble बताया है तो चिन्ता की कोई बात नहीं। X-ray की भी रिपोर्ट आ जाने दो। पहले भी तुम्हें लिखा था कि उस बच्चे को चिन्तित मत होने देना और अगर उसे कलकत्ते रहकर आराम मिल रहा हो तो रहने देना उसे वहीं जब तक रहना अच्छा लगे उसे। लेकिन बच्चे-तो-बच्चे होते हैं। कुक्की रहा यहाँ अकस्मात उसका जी उचटा तो उचट ही गया फिर। लेकिन चाहे बाद में महेश जाय चाहे इधर—एक बहुत ज़रूरी बात है। देखो राजे, अपने अनुबन्ध के बाद पहली बार छोटा भाई घर आया है। बिना उसे रोचना टीका किये मत भेजना। अब छोटी-से-छोटी और बड़ी-से-बड़ी बात में हमें अपनी घर-गृहस्थी की मर्यादा निभानी है न। तो उसका रोचना टीका, करना और P.L.B. से कह देना कि एक पाजामें का longcloth

और बिन्नी मिल्स की mercerised Poplin के कुछ बहुत अच्छे रंग आते हैं उनमें से एक कुर्ते का कपड़ा लाकर दे देंगी। तू उसे भी थाली में ज़रूर रख देना। अगर मेरे आने तक उसका मन लगा रहा और वह वहीं रहा तब तो कोई बात नहीं मैं ही ला दूँगा।

तूने यह भी नहीं लिखा कि शोभा का, पिताजी का कोई ख़त आया या नहीं? ब्रह्मा का पोस्टकार्ड वहीं आकर देखेंगे। अब भेजना मत।

राजे, जैन दम्पति तो दिल्ली से आते समय न रुके, न उनका कोई पत्र आदि आया। वे कलकत्ते पहुँच गये होंगे। उन्हें एक inland कलकत्ते के पते पर डाला था। उसका भी कोई उत्तर नहीं। मैं काफ़ी खीज उठा हूँ। न वे पुस्तकें प्रेस में देते हैं, न कोई उसका प्रबन्ध करते हैं। एक साल हो गये agreement हुए—तय हुआ 9 किताबों का, छापी अभी तक उन्होंने तीन किताबें। रॉयल्टी नयी बनती नहीं और advance उनसे लें तो आखिर वह चुकेगा कैसे? इस बार तुम चलकर अपनी किताबों के बारे में साफ़ बात कर लो। बुध को जब मुझे बेहद दर्द था और तेरा ख़त भी नहीं आया था तो मैं इतना खीज उठा था कि चाहा कि उन्हें लिख दूँ कि मैं भर पाया—आप किताबें लौटा दें। फिर सोचा जैन जी इतना सरल निश्छल स्नेह करते हैं—एक बार उनसे जाकर बात कर ली जाए। अगर अभी तक वे पुस्तकें ठीक-ठीक छापते जाते तो सूर्या का bank balance ऐसी दशा में न होता। मेरा मन काफ़ी परेशान हो उठा है ज्ञानपीठ की सुस्ती से।

राज, इस बार पहाड़ पर चलकर सिर्फ कहानियाँ और उपन्यास लिखेंगे। दिसम्बर तक कम-से-कम तीन किताबों की पांडुलिपि तैयार हो जानी चाहिए। मैं जानता हूँ कि तुम पास रहोगी तो सब हो सकता है। ''मुझे विश्व का सुख श्री केवल यदि तुम पास रहो। दीघा की कुंकुम रंजित पगडंडी अगर कहानी शुरू करा सकती है तो अब अनुबन्ध पत्र के बाद का प्रत्येक सुहाग भरा दिन कितनी अनगिनत कहानियाँ दे जाएगा राज, जब हमारा घर अपनी सूर्या से आलोकित रहेगा—

अच्छा, आओ अब कुछ थोड़ी-सी पढ़ाई ज़रूर कर लें। मैंने पिछली बार भी लिखा था कि यह तो अपनी पूजा है। जैसे सूर्या का कौल है कि कैसा भी हो पर ब्राह्म मुहूर्त में एक बार अपनी पूजा किये बिना हम नहीं रहेंगे तो आओ यद्यपि तुमने बहुत लापरवाही की है फिर भी पढ़ेंगे। जानती हो कि जिस रात P.L.B. अपने स्वामी को अकेला छोड़ देती है उसके दूसरे दिन बहुत खीज-झुँझलाहट और कभी-कभी घरेलू झगड़े का दिन हो जाता है। इसलिए आज का दिन भी पढ़ाई के बिना नहीं छोड़ेंगे।

आओ बैठो—न आज तुम्हारी पीठ थपथपाएँगे, न गोद में बिठाएँगे, न प्यार से पढ़ाएँगे—पर जो बता रहे हैं उसे समझ लेना बहुत ज़रूरी है।

अच्छा राजे पिछले पत्र तक हम लोगों ने character types के बारे में Jung के मनोवैज्ञानिक सिद्धान्त में जो कुछ ज्ञातव्य था उस पर विचार कर लिया। मन की चार दिशाएँ—Sensation, Thinking, Feeling और Intuition. उनके—विविध Combinations और उसके आधार पर चरित्रों का वर्गीकरण। प्रत्येक चरित्र के अन्दर वास्तविक Self के अलावा Shadow, Persona और Participation Mystique और इनके अतिरिक्त चार-पाँच प्रकार के arche types images जिनके आधार पर धर्म, दर्शन, और साहित्य में पात्र परिकल्पित किये जाते हैं। यह सब Jung ने अधिकतर वास्तविक जीवन और उसके व्यक्तियों का अध्ययन कर जाना था।

लेकिन साहित्य में चरित्र प्रकारों का अध्ययन करते हुए दो एक और बातों पर हमें ध्यान रखना चाहिए। साहित्य में लेखक का वह काम नहीं होता जो मनोविश्लेषक का होता है। मनोविश्लेषक तो वास्तविक जीवन के पात्रों का यथातथ्य विश्लेषण मात्र कर उनका अध्ययन करता है। लेकिन साहित्यकार का काम दूसरा होता है। वह वास्तविक जीवन में से अपने पात्रों की प्रेरणा लेता है और बहुधा वास्तविक जीवन से मिले हुए प्रभावों को अपने ढंग से घटा-बढ़ाकर उनके आधार पर पात्र परिकल्पित करता है। वास्तविक जीवन और साहित्य में चित्रित जीवन के बीच में साहित्यसृष्टा का व्यक्तित्व होता है और वह व्यक्तित्व पारदर्शी शीशे की तरह होता है। नीले शीशे में से सफ़ेद ज्योति गुज़रती है तो दूसरी ओर सफ़ेद ज्योति की भी छाया नीली पड़ती है, सफ़ेद नहीं। जिस प्रकार नीले शीशे में से गुजरने से सफ़ेद ज्योति में शीशे का नीलापन जुड़ जाता है ठीक वैसे ही साहित्यकार के व्यक्तित्व में से गुज़रने के कारण वास्तविक जीवन के पात्रों में बहुत कुछ साहित्यकार के सृजन व्यक्तित्व का रंग और गुण जुड़ जाता है। अत: साहित्य में हम जिन चरित्र प्रकारों को पाते हैं वे होते हैं—Real character type + writers character type = The character of the literature.

अब लेखक यदि extrovert है तो वह जितने भी पात्र उठाएगा उनको एक extrovert दृष्टि से चित्रित करेगा। यदि लेखक introvert है तो जितने पात्र उठाएगा उन्हें introvert की दृष्टि से चित्रित करेगा। फिर उसमें भी जो लेखक Thinking प्रधान है वह उस दृष्टि से, जो Sensation प्रधान है वह उस दृष्टि से, जो feeling प्रधान है वह उस दृष्टि से, जो Intution प्रधान है वह उस दृष्टि से सभी पात्रों का चित्रण करेगा। उच्च दिशा में उसकी सफलताएँ और सीमाएँ भी होती हैं। extrovert स्वभाव का लेखक introvert characters का ठीक-ठीक चित्रण नहीं कर पाता है लेकिन extrovert characters को, उनकी घटनाओं, क्रियाओं का समुचित चित्रण कर सकता है। introvert लेखक extrovert characters के साथ अक्सर न्याय नहीं कर पाता। जो लेखक extrovert है उसके introvert characters भी introvert की

ओर खिंचे हुए दीख पड़ेंगे और जो introvert लेखक है उसके extrovert पात्र भी introvert की ओर झुकते नज़र आएँगे। इसीलिए कभी-कभी लेखकों के चरित्र-चित्रण में अस्वाभाविकता आ जाती है क्योंकि वे पात्र की अपनी वैयक्तिकता को नहीं समझ पाते और उसका मनमाना चित्रण कर डालते हैं।

जैसे लेखक का अपना व्यक्तित्व साहित्य में चरित्र प्रकारों के चित्रण को प्रभावित करता है वैसे ही और महत्त्वपूर्ण तत्त्व है जो साहित्य में character types के चित्रण को प्रभावित करता है। वह है युग का व्यक्तित्व। जैसे लेखकों का व्यक्तित्व अलग-अलग होता है वैसे ही युग का व्यक्तित्व भी अलग-अलग होता है। कोई युग introvert अर्थात् आत्मचिन्तन, आत्मविश्लेषण, कल्पना, दर्शन, धर्मानुभूति इनको अधिक महत्त्व देता है—कोई युग extrovert अर्थात् राजनीतिक आन्दोलन, युद्ध, राष्ट्र-निर्माण, उद्योग व्यापार, अर्थोपार्जन, दिग्विजय इनको विशेष महत्त्व देता है। introvert प्रधान युग में हम साहित्य में उन चरित्र प्रकारों का विशेष महत्त्व पाते हैं जो introvert हैं और extrovert के युग में अक्सर extrovert पात्रों की प्रधानता होती है। extrovert युग में introvert पात्र गौण महत्त्वहीन हो जाते हैं और introvert युग में extrovert पात्रों का वही भाग्य होता है। युग extrovert है या introvert यह बहुत-सी बातों से मालूम किया जाता है। उस युग की नैतिक धारणाएँ, धर्म, दर्शन, कला, जीवनयापन के ढंग, समाज-व्यवस्था—इन सबमें युग का introvert या extrovert रूप प्रगट हो सकता है। extrovert युग में अनुष्ठान प्रधान धर्म होता है—यज्ञ, तीर्थ, पूजा-पाठ, व्रत, मन्दिर-निर्माण—और introvert युग में रहस्यानुभूति प्रधान धर्म होता है—भक्ति-भावना, आत्म-चिन्तन, उदारता, इतिहास में दोनों प्रकार के युग आते हैं और दोनों प्रकार के युग साहित्य और संस्कृति पर अपनी छाप छोड़ते हैं।

यहाँ तक तुम बात समझ गयी होगी। साहित्य में character types पर दो तत्त्व और प्रभाव डालते हैं—1. लेखक का character type और 2. युग का character type। लेकिन एक बात इसके अलावा भी विचारणीय बच रहती है। एक जटिलता तब उभरती है जब हम यह देखते हैं कि आवश्यक नहीं कि extrovert युग में सब लेखक introvert हों। अच्छा दिलचस्प साहित्य तब पैदा होता है जब extrovert युग में भी कोई introvert लेखक उभर आता है और introvert युग में कोई extrovert लेखक। और तब चरित्र प्रकारों का चित्रण दो विपरीत तत्त्वों से प्रभावित होने लगता है—युग का extroversion + लेखक का introversion या युग का introversion + लेखक का extroversion. ऐसी काव्य कृतियों या कथाकृतियों में बड़े दिलचस्प चरित्र प्रकारों का विकास होता है।

आज जो बात हमने पढ़ी वह बहुत छोटी-सी है पर बहुत सूक्ष्म पकड़ की

है। मनोविश्लेषक और तुम्हारी दृष्टि में यही अन्तर होगा। तुम आलोचक हो analyst नहीं। Psychologist नहीं। मनोविज्ञान तुम्हारे अध्ययन की आधारभूमि है पर दृष्टि या approach नहीं। तुम्हारी दृष्टि 1. साहित्य चित्रित पात्र का व्यक्तित्व, 2. साहित्यकार का कला व्यक्तित्व, 3. युग का व्यक्तित्व इन तीनों पर विचार करेगी और तब चरित्र प्रकारों का अध्ययन प्रस्तुत करेगी—

राज, पहले अध्याय में हमने सिद्धान्त रूप में सारी Jung की psychology की बातें की हैं पर उसमें यह अंश परिशिष्ट में जोड़ा जाएगा क्योंकि यह स्पष्टीकरण तुम्हारी दृष्टि का होगा कि तुम अपनी Thesis में क्या दृष्टि अपना रही हो। यह बातें समझ मे आ गयीं न।

तुम अपनी last चिट्ठी monday को छोड़ना। उसके बाद मंगल नहीं तो बुध तक मैं यहाँ से अवश्य चल दूँगा अपने घर के लिए। इतवार को एक ख़त और एक सोमवार को college से छोड़ देना—सोमवार को तो परीक्षाएँ शुरू हो जाएँगी। हाँ, राज, तुम्हारे गद्दे के अलावा और क्या-क्या लाना है तुरन्त लिखो और तार (जैसा लिखा है) न किया हो तो करा दो।

14.9.59 : सोमवार, 12 बजे दोपहर

राजे,

अभी कान्ता को, तुम्हारे कॉलेज के रास्ते में छोड़कर घर लौटा हूँ। धूप निकल आयी है। कमरा छोटेलाल ने ख़ूब साफ़-सुथरा कर रखा है। अच्छा लग रहा है—थोड़ी देर के लिए तुम दोनों को भी धता बताकर अपने कमरे का एकच्छत्र स्वामित्व। थोड़ी-थोड़ी धूप खिड़कियों से आ रही है और हवा में नीले पर्दे हिल रहे हैं।

अपने इलाहाबाद के घर में, अपने नीले कमरे में से अक्सर जब तुम थोड़ी देर को, या दिन भर को कहीं चली जाती थीं जो उस कमरे में एक तुम्हारी छाँह-भावना बनी रहती थी, तुम्हारी एक सुगन्ध, तुम्हारा एक अतिरिक्त अस्तित्व—इस कमरे में इस समय वह भी नहीं है। यह मात्र मेरा कमरा है और इसमें ख़ुशनुमा धूप है और पर्दे हिल रहे हैं और हवा में हिल रही है सामने टँगी सूखी नीली अपराजिता की माला।

अपराजिता से एक बात ध्यान में आयी। उस साल जुलाई में जब तू कलकत्ते पहली बार आयी थी तो बहुत चिन्तित थी और हम दोनों ने लम्बा ख़त लिखा था तुझे और पहली बार भेजा था तुझे नीला फूल अपराजिता का। कितनी उलझनें, कितनी मिथ्या भावनाएँ, कितनी छायाएँ, कितनी भ्रान्तियों में तेरा व्यक्तित्व उलझा हुआ था—लेकिन बस तुझे प्यार करनेवाले मन को इतना अटूट विश्वास था कि इस व्यक्तित्व में यदि कण भर भी खरा सोना है तो उसे उभार लाने के लिए मैं अपना सब कुछ बाज़ी पर लगा सकता हूँ। किसी परोपकार की भावना से नहीं—जैसा कभी-कभी तुम misunderstand करती हो—वरन इसलिए कि वह कण भर सोना भी यदि बच सके तो मेरा सारा समर्पण, सारी तन्मयता सार्थक हो सकेगी। एक वह दिन है—और एक आज का दिन है—कितनी लम्बी यात्रा, कितने अजीब मोड़, कितने शिखर और कितनी घाटियाँ पार कर आये हैं हम!

●●

कई बातें ऐसी थीं जो कल इतवार को, जाने के पहले मैं करना चाहता था। पर दुर्भाग्य से कल सुबह से कुछ ऐसा बातों का रुख़ बदल गया कि ज़रूरी बातें न हो पायीं और इधर-उधर की तमाम बातों में वक़्त बीत गया। रात बेहद थका था और

सोता रहा—गुलाबों में विभोर होकर, वह सो लेना बहुत ज़रूरी था वरना यह सारा दो हफ़्ते का आराम समाप्त हो जाता। फिर आज सुबह थोड़ी बातें शुरू हुईं। वे केवल बीच का एक टुकड़ा थीं। उसके पहले की और उसके बाद की बहुत-सी बातें करना चाहता था मैं—ख़ैर अक्टूबर में—कोई जल्दी नहीं उनकी, क्योंकि वे बातें किसी immediate problem से सम्बद्ध नहीं हैं। हम तीनों के व्यक्तित्व के सम्यक् सन्तुलित निर्माण से सम्बन्धित हैं—और यह काम तो सारे जीवन भर का है।

●●

आज कलकत्ते के अप्रत्याशित लम्बे ठहराव का विदा दिन है। हर बार जब कलकत्ते से जाता था तो कुछ विशेष क्षण, या तुम्हारी विशेष मुद्राएँ, या कुछ विशेष बातें या घटनाएँ बेहद याद आती थीं—इस बार एक दूसरी भावना है। बहुत सहज भाव से यह पूरी ठहरने की अवधि और इस सब कुछ का समवेत प्रभाव मन पर छूट गया है। ऐसा नहीं, कि कुछ विशेष याद रहे और शेष भूल जाए। इसके अर्थ यह हैं कि इस बार का रहना सचमुच घर का रहना था—घरेलू ढंग से सहज! तेरे झगड़े भी इस घरेलूपन के अंग होकर आये थे। और उन झगड़ों के बाद की अतिशय आकुलता भी—

●●

इसीलिए राज, तुमसे एक शब्द भी वैसा नहीं कह रहा हूँ जो भावावेश का द्योतक हो। घरेलू विदा में आँसू नहीं होते, भावनाओं का पछाड़ खाता ज्वार नहीं होता—सिर्फ़ एक दृष्टि होती है एक-दूसरे के प्रति सहज ममता, अखंड विश्वास, कल्याण भावना, प्रीति, आशीष और अधिकारवाली। वह दृष्टि उठती है एक क्षण एक-दूसरे पर ठहरती है और फिर उसी एक क्षण में जाने कहाँ पर मन को छूकर अपने में सिमट जाती है। वह अत्यन्त मर्यादित संयमित, प्रौढ़ भावना वाली, बरसों साथ घर निभा चुकने के बाद की परिपक्व दृष्टि लो—

●●

जाने के बाद ख़ूब आराम करना। भरे-भरे निश्चिन्त मन और ख़ूब-ख़ूब सन्तुष्ट तृप्त तन का आराम—इसलिए नहीं कि तुम थकी हो—जानता हूँ कि इस बार थकी नहीं हो। हर बार का ठहरना दूसरे प्रकार का होता था। वह निरन्तर दौड़-धूप के बीच का एक चुराया हुआ क्षण होता था—जो पहले की दौड़-धूप (वास्तविक और भावनात्मक) और बाद की दौड़-धूप के बीच sandwiched रहता था। पर इस बार का ठहरना सचमुच ठहराव था—अपने घर का सहज विश्राम—उसमें मेहनत भी थी तो वह strain वाली नहीं थी—

●●

आराम कर लो, थोड़ी देर सुस्ता लो। ऊबड़-खाबड़ घाटियों में से कठिन राह

पर से गुज़रकर समतल ज़मीन पर आकर जैसा आश्वासन भरा आराम मन करता है। वह आराम थकान का द्योतक नहीं होता—वह मंज़िल के कठिन रास्तों को पार कर समतल भूमि पर पहुँचने के सन्तोष का सूचक होता है। आओ, यहाँ पहुँचकर थोड़ी देर वैसे बैठें जैसे चैत के उस नशीले दिन बैठे रहे कोमल पारदर्शी पवित्र प्यार भरे—मात्र होठों से अलकों को सँवार देनेवाला पवित्र दिन—जब यह मंज़िल मन के तारों को झंकार रही थी पर हम इसकी ठीक-ठीक आवाज़ सुन नहीं पाये थे—मात्र इसको महसूस किया जाता है।

●●

पर यह मंज़िल बीज रूप में उस अमित पावन क्षण में तब भी विद्यमान थी—अस्फुट।—अच्छा राज, आशीष लो—अमित आशीष।

●●●

# डॉ. धर्मवीर भारती

संक्षिप्त जीवन-परिचय

बचपन और शिक्षा :

शाहजहाँपुर के निकट ख़ुदागंज क़स्बे के पुराने ज़मींदार परिवार के पाँच भाइयों में से एक थे श्री चिरंजीव लाल वर्मा। उन्होंने पुश्तैनी रहन-सहन छोड़कर रुड़की से ओवरसीयरी की शिक्षा प्राप्त की। कुछ दिन बर्मा (म्यामार) में सरकारी नौकरी और ठेकेदारी की, फिर उत्तर प्रदेश में लौटकर पहले मीरज़ापुर और फिर स्थायी रूप से इलाहाबाद में बस गये।

धर्मवीर भारती का जन्म 25 दिसम्बर 1926, इलाहाबाद के अतरसुइया मुहल्ले में हुआ। बालक धर्मवीर बचपन में एक-दो वर्ष पिता के साथ आज़मगढ़ और मऊनाथभंजन में रहे। प्रारम्भिक शिक्षा घर पर ही हुई। इलाहाबाद के डी.ए.वी. हाईस्कूल में पहली बार चौथी कक्षा में नाम लिखाया गया। आठवीं कक्षा में थे तभी पिता का देहान्त हो गया। उसके बाद बहुत दारुण ग़रीबी में दिन बीते। प्रयाग में बसे मामा श्री अभयकृष्ण जौहरी के परिवार के साथ रहकर उच्च शिक्षा प्राप्त की। कायस्थ पाठशाला इंटर कॉलेज से सन 1942 में इंटरमीडिएट पास किया। सन बयालीस के आन्दोलन में भाग लिया और पढ़ाई एक बरस रुक गयी। सन 1945 में इलाहाबाद विश्वविद्यालय से बी.ए. की डिग्री प्राप्त की और हिन्दी में सर्वाधिक अंक प्राप्त कर 'चिन्तामणि घोष मैडल' के हक़दार बने। सन 1947 में वहीं से प्रथम श्रेणी में एम.ए. करने के बाद डॉ. धीरेन्द्र वर्मा के निर्देशन में सिद्ध-साहित्य पर शोधप्रबन्ध लिखकर पी-एच.डी की डिग्री प्राप्त की।

आजीविका :

छात्र-जीवन से ही ट्यूशनें कर आत्मनिर्भर होना पड़ा। एम.ए. की पढ़ाई का ख़र्च 'अभ्युदय' (सम्पादक : श्री पद्मकान्त मालवीय) में पार्ट टाइम काम करके

निकाला। 1948 में 'संगम' (सम्पादक : श्री इलाचन्द्र जोशी) में सहकारी सम्पादक नियुक्त हुए। दो वर्ष वहाँ काम करने के बाद हिन्दुस्तानी अकादमी में उपसचिव का कार्य किया। तदुपरान्त इलाहाबाद विश्वविद्यालय के हिन्दी विभाग में अध्यापक नियुक्त हुए। सन 1960 तक वहाँ कार्य किया। प्रयाग विश्वविद्यालय में अध्यापन के दौरान हिन्दी कोश के सम्पादन में सहयोग दिया। 'निकष' पत्रिका निकाली तथा 'आलोचना' का सम्पादन। उसके बाद 'धर्मयुग' में प्रधान सम्पादक पद पर बम्बई आ गये। 'धर्मयुग' सर्वश्रेष्ठ हिन्दी साप्ताहिक के रूप में स्थापित हुआ। 1987 में डॉ. भारती ने अवकाश ग्रहण किया। 1989 में वे हृदय-रोग से गम्भीर रूप से बीमार हो गये। गहन चिकित्सा के बाद प्राण तो बच गये, किन्तु स्वास्थ्य पूरी तरह कभी सुधरा नहीं और 4 सितम्बर, 1997 को उनका मुम्बई में देहावसान हो गया। नींद में ही मृत्यु ने वरण कर लिया।

यात्राएँ :

सन 1961 में कॉमनवेल्थ रिलेशन्स कमेटी के आमन्त्रण पर प्रथम विदेश-यात्रा पर इंग्लैंड तथा यूरोप भ्रमण। पश्चिम जर्मनी सरकार के आमन्त्रण पर 1964 में जर्मनी-यात्रा तथा 1966 में भारतीय दूतावास के निमन्त्रण पर इंडोनेशिया तथा थाईलैंड की यात्राएँ कीं। सितम्बर 1971 में मुक्तिवाहिनी के साथ बाँग्लादेश की गुप्त यात्रा की तथा क्रान्ति का पहला आँखों-देखा प्रामाणिक विवरण लिखा। भारत-पाक युद्ध, 1971 के दौरान भारतीय स्थल-सेना के साथ वास्तविक युद्ध-स्थल पर निरन्तर उपस्थित रहकर युद्ध के वास्तविक मोर्चे के रोमांचक अनुभवों को लिपिबद्ध किया। इसके पहले ऐसा काम कभी किसी भारतीय पत्रकार ने नहीं किया। भारतीय मूल की मारिशसीय जनता की समस्याओं का अध्ययन करने के लिए जून 1974 में मारिशस की यात्रा की। फिर ऐफ्रो एशियाई कॉन्फ्रेन्स में भाग लेने के लिए पुनः मारिशस गये। 1978 में चीन की सिनुआ संवाद समिति के आमन्त्रण पर भारत सरकार के डेलीगेशन के सदस्य के रूप में चीन की यात्रा पर गये। 1991 में परिवार के साथ अमेरिका-यात्रा पर गये। और अपने भारत देश के तो हर प्रान्त में बार-बार अनेक यात्राएँ कीं। यात्राएँ डॉ. भारती को बहुत सुख देती थीं।

अलंकरण तथा पुरस्कार :

1972 में पद्मश्री से अलंकृत हुए। 1997 से महाराष्ट्र राज्य हिन्दी साहित्य अकादमी ने हिन्दी की सर्वश्रेष्ठ रचना को उनकी स्मृति में प्रतिवर्ष 51,000 रुपये का पुरस्कार देने की घोषणा की। पुरस्कार का नाम है— 'धर्मवीर भारती महाराष्ट्र सारस्वत सम्मान'।

1999 में कथाकार उदय प्रकाश के निर्देशन में साहित्य अकादेमी दिल्ली के लिए डॉ. भारती पर डाक्यूमेंट्री फ़िल्म का निर्माण हुआ। अनेक पुरस्कार सम्मानों में से कुछ इस प्रकार हैं :

1967 : संगीत नाटक अकादेमी के मनोनीत सदस्य

1984 : हल्दी घाटी श्रेष्ठ पत्रकारिता पुरस्कार, महाराणा मेवाड़, फ़ाउंडेशन

1985 : साहित्य अकादेमी रत्न सदस्यता-सम्मान

1986 : संस्था सम्मान, उत्तर प्रदेश हिन्दी संस्थान

1988 : सर्वश्रेष्ठ नाटककार पुरस्कार, संगीत नाटक अकादेमी, नयी दिल्ली

1989 : डॉ राजेन्द्रप्रसाद शिखर सम्मान, बिहार सरकार

1989 : गणेश शंकर विद्यार्थी पुरस्कार, केन्द्रीय हिन्दी संस्थान, आगरा

1989 : भारत भारती पुरस्कार, उत्तर प्रदेश हिन्दी संस्थान

1990 : महाराष्ट्र गौरव, महाराष्ट्र सरकार

1991 : साधना सम्मान, केडिया स्मृति न्यास

1992 : महाराष्ट्राच्या सुपुत्रांचे अभिनन्दन सम्मान, वसन्त राव नाईक प्रतिष्ठान

1994 : व्यास सम्मान, के. के. बिड़ला, फ़ाउंडेशन

1996 : शासन सम्मान, उत्तर प्रदेश हिन्दी संस्थान

1997 : उत्तर प्रदेश गौरव, अभियान सम्मान संस्थान

## प्रकाशन

कविता-संग्रह:

1. ठंडा लोहा (1952)
2. सात गीत वर्ष (1959)
3. कनुप्रिया (1959)
4. सपना अभी भी (1993)
5. आद्यन्त (1999)
6. मेरी वाणी गैरिक वसना (1999)

नाटक :

7. अन्धायुग (1954)

कहानी-संग्रह :

8. मुर्दों का गाँव (1946)
9. स्वर्ग और पृथ्वी (1949)
10. चाँद और टूटे हुए लोग (1955)
11. बन्द गली का आख़िरी मकान (1969)
12. साँस की कलम से (2000)

उपन्यास :

13. गुनाहों का देवता (1949)
14. सूरज का सातवाँ घोड़ा (1952)
15. ग्यारह सपनों का देश (प्रारम्भ व समापन) (1960)

निबन्ध :

16. ठेले पर हिमालय (1958)
17. पश्यन्ती (1969)
18. कहनी-अनकहनी (1970)
19. कुछ चेहरे कुछ चिन्तन (1995)
20. शब्दिता (1997)

रिपोर्ताज :

21. युद्ध-यात्रा (1972)
22. मुक्त-क्षेत्रे : युद्ध-क्षेत्रे (1973)

आलोचना :

23. प्रगतिवाद : एक समीक्षा (1949)
24. मानव-मूल्य और साहित्य (1960)

एकांकी-संग्रह :

25. नदी प्यासी थी (1954)

शोध-प्रबन्ध :

26. सिद्ध-साहित्य (1968)

अनुवाद :

27. ऑस्कर वाइल्ड की कहानियाँ (1946)

28. देशान्तर (इक्कीस देशों की आधुनिक कविताएँ) (1960)

यात्रा-विवरण :

29. यात्रा-चक्र (1994)

पत्र-संकलन :

30. अक्षर-अक्षर यज्ञ (1999)

साक्षात्कार :

31. धर्मवीर भारती से साक्षात्कार (1998)

ग्रन्थावली :

32. धर्मवीर भारती ग्रन्थावली (1998)

णाणं पयासयं

वीर निर्वाण 2470

ई.सन् 1944

भारतीय ज्ञानपीठ